T0337764

Selma Lagerlöf

LEBEN IN BILDERN

Herausgegeben von
Dieter Stolz

Selma Lagerlöf

Thomas Steinfeld

DEUTSCHER KUNSTVERLAG

»Ich verließ den Wagen und ging hinüber auf den Kirchhof zum Grabe meines Vaters, um den Kranz da niederzulegen. Und mein betrübtes Herz weinte um all die Toten, die da lagen, die ich liebgehabt hatte. Vater und Mutter, Großmutter und Tante und die alte Haushälterin – alle hatte ich hierhergeleitet, als sie zur ewigen Ruhe in die Erde gesenkt wurden.
Wie sehnte ich mich nach ihnen und wie wünschte ich, sie könnten wiederkommen und auf Mårbacka wohnen, das sie mit ihrer Arbeit aufgebaut hatten.«

Selma Lagerlöf: *Mårbacka*, Nachschrift

Inhalt

Mein innigster Traum | 9

Nöcke und Wassernixen | 19

Ich will eine große Schriftstellerin werden | 27

Bescheidene Nachplapperer, diese Menschen | 35

Rock aus Fichtenreisig, Joppe aus
grauem Stein | 43

Die Auferstehung im Bild | 51

Zur Institution geworden | 61

Zeittafel zu Selma Lagerlöfs Leben und Werk | 73
Auswahlbibliographie | 76
Bildnachweis | 79

Mein innigster Traum

Als Selma Lagerlöf im Sommer 1907 den Herrenhof erwarb, den ihr Vater einst besessen hatte, war sie eine weltberühmte Schriftstellerin, bald fünfzig Jahre alt und so wohlhabend, dass sie sich irgendwo ein großes Haus hätte kaufen können. Es sollte aber um jeden Preis das alte Haus mit dem Namen Mårbacka sein, der Hof in der Provinz Värmland, auf dem sie aufgewachsen war: »Weißt Du was«, schrieb sie damals ihrer Freundin Sophie Elkan, »ich habe Mårbacka so gut wie gekauft. Das ist jedenfalls mündlich vereinbart, am Telefon, doch ist der Vertrag noch nicht unterschrieben. Ich bekomme ein altes Haus, einen alten Garten, einen kleinen Park, eine Allee, einige Morgen Land, ein paar Keller, ein Plumpsklo, einen Teich, viele schöne Bäume für 13 500 Kronen. Ich weiß nicht, um wie viele Male der Preis zu hoch ist, aber ich konnte den Hof nicht billiger bekommen [...] Es ist ein sonderbarer Kopf, den ich da habe. Für Geld will er jetzt nicht mehr arbeiten, nicht für die Ehre, nicht der Pflicht wegen, aber um dieses alten elenden Hofs willen.«

Der Herrenhof in der Gemeinde Östra Ämtervik in Värmland liegt entlegen und allein, aber wenig spektakulär auf einem Streifen Ackerland zwischen zwei Seen und entsprach, als er noch bewirtschaftet wurde, eher einem mittleren Bauernhof als einem Gut. Das Haus selbst war ein niedriger roter Holzbau aus dem späten achtzehnten Jahrhundert und bestand nur aus vier Zimmern, einer Küche und zwei Kammern in den Dachgiebeln. Aber die Familie Lagerlöf hatte dort seit mehreren Generationen gelebt. Sie galt als Familie von Stand, der Vater war immerhin Leutnant gewesen. Doch waren die wirtschaftlichen Verhältnisse jener Zeit für ein solches Unternehmen nicht günstig. Die Armut war groß: Es gibt handfeste Gründe, warum in der zweiten Hälfte des neunzehnten Jahrhunderts in einigen Regionen Schwedens (auch in Värmland) nahezu die Hälfte der ländlichen Bevölkerung nach Nordamerika auswanderte. In

Selma Lagerlöf vor ihrem Haus in Mårbacka. Aufnahme um 1940.

Selma Lagerlöf. Foto von 1900.

Mårbacka, wie es in den 1890er Jahren aussah. Foto von Anna Ollson, Karlstad.

den siebziger Jahren war gar eine schwere ökonomische Depression durch das Land gegangen, zudem war der Vater kein guter Verwalter seines Erbes gewesen und hatte den Hof zuletzt an den Rand des Ruins geführt. Ein paar Monate vor dessen Tod im Jahr 1885 übernahm Selma Lagerlöfs Bruder Johan das Anwesen und versuchte, die Landwirtschaft retten. Ein paar Jahre hielt er durch, aber dann gab er hoch verschuldet auf. Im Juni 1888 wurde der Hof versteigert, mitsamt Tafelsilber, Federbetten und einem Klavier »von guter Qualität«. Zur Auktion kam Selma Lagerlöf nach Mårbacka, möglicherweise, um Abschied zu nehmen, aber vielleicht auch, um sich selbst von diesem Hof zu befreien.

Selma Lagerlöfs Anhänglichkeit ist nicht selbstverständlich. Als sie das Haus verließ, um sich in Stockholm auf den Besuch des Lehrerinnen-Seminars vorzubereiten, war sie zwar schon dreiundzwanzig Jahre alt. Doch lebte sie die folgenden zwei Jahrzehnte weitab der heimatlichen Gegend: Vier Jahre insgesamt brauchte sie für ihr Studium. Mehr als ein Jahrzehnt, vom Herbst 1885 an, verbrachte sie danach als Lehrerin in Landskrona, ganz im Süden Schwedens gelegen und nur durch einen schmalen Streifen Wasser von Dänemark und Kopenhagen getrennt. Und nachdem sie den Beruf als Lehrerin endgültig aufgegeben hatte, lebte sie 1897–1910 in Falun, einer Kleinstadt in Dalarna, einer Nachbarprovinz von Värmland. Dort kaufte sie sogar ein großes Haus in einem Villenviertel in der Nähe des Zentrums. Und sie unternahm lange Reisen, zuerst nach Italien, dann nach Ägypten und Palästina. In den Werken, die Selma Lagerlöf nach ihrem ersten Buch *Gösta Berlings saga* (1891) schrieb, spiegeln sich die wechselnden Lebensorte, vom Roman *Die Wunder des Antichrist* (1897), der auf Sizilien spielt, bis zu den Geschichten des Bandes *Die Königinnen von Kungahälla* (1899), die an die westschwedische Provinz Bohuslän gebunden sind, wo sich ihr Bruder Daniel als Arzt niedergelassen hatte.

Und *Jerusalem* (1901/02), der dritte große Roman dieser Wanderjahre, erzählt eine Geschichte, die in Nås beginnt, einem Ort nicht weit von Falun. Überhaupt ist dieser Roman dazu angetan, das Zwiespältige zu illustrieren, das für Selma Lagerlöf im Gedanken an ein festes Zuhause gelegen haben muss, nicht nur, weil dem Roman ein historisches Ereignis vorausgeht: Aus Nås war im Jahr 1896 eine Gruppe Bauern nach Jerusalem ausgewandert, um dort die Wiederkehr Christi zu erwarten. Selma Lagerlöf erzählt diese Geschichte in zwei Handlungssträngen: Im einen geht es um die Schicksale der Familie

Die Kirche Santa Maria Aracoeli in Rom,
um 1890. Die Gründungslegende der
Kirche – eine Vision des Kaisers Augustus
zur Zeit der Geburt Christi – und ein
wundertätiges Christusbild spielen eine
zentrale Rolle in Selma Lagerlöfs Roman
Die Wunder des Antichrist.

Das Hauptgebäude der von Horatio Spafford gegründeten American Colony in Jerusalem. Hierhin emigrierte 1896 in Erwartung des kommenden Weltuntergangs eine messianische Religionsgruppe aus dem schwedischen Ort Nås in der Provinz Dalarna, deren Geschichte Thema von Selma Lagerlöfs Roman *Jerusalem* ist. Das Foto stammt aus der Zeit zwischen 1920 und 1930.

Wahrsager in Jerusalem. Foto von Selma Lagerlöf, aufgenommen auf ihrer Orientreise 1899/1900.

Ingemar, lauter Bauern mit starkem Willen, strengem Empfinden für Gerechtigkeit und großer Frömmigkeit. Im anderen geht es um die Erlebnisse der kleinen Sekte. Und wenn Selma Lagerlöf auch die fanatischen und selbstgerechten Eigenschaften dieser religiösen Gruppe kenntlich werden lässt, so bewundert sie doch offensichtlich auch deren Wagemut. Diese Spaltung wird deutlicher noch in der umgearbeiteten Fassung des zweiten Teils von *Jerusalem*, die im Jahr 1909 erschien, wenn nämlich die Ausgewanderten wesentlichen Anteil an einer erneuten Blüte Palästinas haben sollen.

Als Selma Lagerlöf schließlich ganz nach Mårbacka zog, im Sommer 1910, war dieser Schritt einerseits ein Rückzug: Drei Jahre lang hatte Mårbacka als Sommerhaus gedient, jetzt erst sollte der alte Hof zur Hauptwohnung werden. Andererseits war der Umzug der Beginn von etwas Neuem, zumindest scheinbar ganz und gar nicht mehr Sentimentalem: Denn kurz zuvor hatte sie vom Geld des Nobelpreises, mit dem sie 1909 ausgezeichnet worden war, auch das ehemals dazugehörige Land erworben. Dadurch aber verband sich der Kauf mit dem Entschluss, die Landwirtschaft wiederaufzunehmen, unter völlig neuen, modernen Voraussetzungen, und aus Mårbacka ein Unternehmen zu machen, wie man es sich dreißig Jahre zuvor wohl nicht einmal erträumt hätte. Und das Geschäftliche an einer solchen Landwirtschaft nahm Selma Lagerlöf sehr ernst. Eine Rückkehr will man diesen Umzug daher nicht nennen.

Die erste Heimat, sagt der Leipziger Philosoph Christoph Türcke, ist »ein Unding, ein Nicht-Ort, griechisch *utopos*. Sie entsteht postum: wenn sie verloren und der Rückweg in sie versperrt ist.« Es sieht jedoch so aus, auf den ersten Blick und für viele Leser, als stünde der Hof in Värmland entschieden für eine solche Utopie, und als hätte Selma Lagerlöf dieser Utopie in ihren Romanen einen nachhaltigen Ausdruck gegeben, zumindest in *Gösta Berling* (1891), dann auch in dem Roman *Liljecronas Heimat* aus dem Jahr 1911 und schließlich in ihren drei autobiographischen Werken. Ja mehr noch: Es scheint so, als hätte sich für Selma Lagerlöf diese Utopie in Wirklichkeit verwandelt, als hätte die Utopie sogar aus der Literatur in die empirische Welt gefunden. Tatsächlich dürfte die Sache komplexer sein: Denn im selben Maße, wie die Heimat ein immer schon verlorener Ort ist, wird es schwieriger, ja unmöglich, an Heimat auch nur zu denken, ohne dass sie intensiver, behaglicher, friedlicher erscheint, als sie je gewesen sein kann. Außerdem legt der Umstand, dass Selma Lagerlöf den Hof ihres Vaters erwarb, um ihn zum Muster einer gelunge-

Sophie Elkan (in dunkler Kleidung in der Mitte sitzend) und Selma Lagerlöf (rechts von ihr) auf einer Nilbootsfahrt nach Assuan während ihrer Orientreise 1899/1900. Foto von Einar Wettervik.

Horatio Spafford und seine Anhänger folgten den Ideen des schottischen Astronomen Charles Piazzi Smyth, der 1865 die Cheops-Pyramide vermessen hatte. Die Maße des Bauwerks enthielten Smyth zufolge mystische Informationen und könnten beweisen, dass die Pyramide von einem höheren Wesen erschaffen wurde. Auch Selma Lagerlöf besuchte auf ihrer Orientreise das ägyptische Wahrzeichen.

Mårbacka

Mårbacka nach dem ersten Umbau 1908/09. Ganz rechts ist Selma Lagerlöf zu sehen. Das Foto wurde als Postkarte zugunsten der Tuberkulosegesellschaft von Östra Ämtervik vertrieben.

Selma Lagerlöf unter einem Apfelbaum im Garten des Gutes. Ohne Datum.

nen Landwirtschaft zu machen, noch ein anderes und gar nicht nostalgisches Motiv nahe: dass da eine Vergangenheit korrigiert werden sollte.

Die erste erlebte Heimat, erklärt Christoph Türcke weiter, ist »eigentlich schon die zweite: ein Ersatz, ein Verweis, ein Stellvertreter. Die zweite Heimat für die erste nehmen, den Ersatz für die Sache selbst: von dieser elementaren Verwechslung rührt alle Beschränktheit, alle Sentimentalität, aller Kitsch, alle Barbarei her, die sich mit dem Wort Heimat verbunden hat.« Aber so sehr Selma Lagerlöf diesen Fehler, nicht zuletzt zur Genugtuung ihrer Leser, zu begehen scheint (und sie selbst tut viel dafür, dass er begangen wird), desto komplizierter scheinen die Dinge doch in Wirklichkeit zu liegen. »Ich kann sagen, dass Mårbacka die große Liebe meines Lebens war, mein innigster Traum bestand darin, den Hof zurückzukaufen«, schreibt sie zwar, doch um dann hinzuzufügen, ihr Glück habe darin bestanden, »ihn auszubauen, dort Landwirtschaft zu betreiben und sie zu verbessern.« Spät in ihrem Leben, in den Jahren 1921–1923, wurde der Hof also noch einmal umgebaut, von Grund auf. Damals wurden nicht nur die Ställe und Scheunen wiederhergerichtet, es wurden auch neue Entwässerungsgräben gezogen und Straßen befestigt. Und das Haus selbst erhielt die säulengerahmte Veranda, den zweistöckigen Aufbau, das sich hoch auftürmende Dach, die prächtige Form, die es noch heute auszeichnet. Erst damals, in den zwanziger Jahren, wurde der Hof zum Monument für seine Besitzerin und endgültig zu dem repräsentativen Ort, der er zuvor nie gewesen war.

Utsikt över Fryken.

Nöcke und Wassernixen

östa Berling, die Geschichte eines dem Alkohol ergebenen Pfarrers, beginnt damit, dass dieser vor seinem Amt davonläuft und sterben will, nachdem er, besessen vom Wunsch nach immer mehr Schnaps, ein kleines Mädchen um einen Sack Mehl und einen Schlitten betrogen hat. Aber das ist nur ein Vorspiel, das den Rahmen der Handlung setzt. Das eigentliche Buch fängt mit der langen Beschreibung einer Landschaft an: »Der See beginnt recht weit im Norden, wo ein herrliches Land für einen See liegt. Wald und Berge werden niemals müde, Wasser für ihn zu sammeln, Ströme und Bäche stürzen das ganze Jahr in ihn herab. Er kann sich auf feinem, weißem Sand ausstrecken, Landzungen und Felseninseln spiegeln und betrachten, Nöcke und Wassernixen genießen alle Freiheiten und er wächst schnell heran und wird groß und schön.« Ein Bild der Natur scheint hier entworfen zu werden, unverstellt, unberührt und so beschaffen, dass sie für niemanden da ist außer für sich selbst. Aber das ist nicht so: In dem Augenblick, in dem das Bild dieser Natur in der Vorstellung der Schriftstellerin heraufzieht – und in dem Augenblick, in dem das Bild dieser Natur vor dem inneren Auge des Lesers erscheint –, verwandelt sie sich in Landschaft.

Landschaft ist etwas ganz anderes als Natur: Sie ist ein Ausschnitt aus der Natur, in dem das Heterogene zusammengefügt ist zu einem einzigen harmonischen Eindruck. Es bedarf eines Subjekts, damit eine Landschaft entsteht, und dies geschieht, indem sich die Natur in Projektionsfläche verwandelt – in einen Widerschein subjektiver Befindlichkeit. »Ein Stück Boden mit dem, was darauf ist, als Landschaft ansehen, heißt einen Ausschnitt aus der Natur [...] als Einheit betrachten – was sich dem Begriff der Natur ganz entfremdet«, schreibt Georg Simmel in *Philosophie der Landschaft* aus dem Jahr 1913. Deswegen heißt eine Landschaft zu beschreiben immer auch die Wirkung zu beschreiben, den dieser oder jener Ausschnitt der

Blick über den Frykensee. Historische Ansichtskarte.

Natur auf die eigene Innerlichkeit hat. Zugleich aber besteht die Illusion der Landschaft darin, als etwas Selbstständiges und vom Subjekt Getrenntes zu erscheinen, weshalb sie, mehr als alles andere auf der Welt, zum Sinnbild der Versöhnung zwischen Mensch und Natur wird. Und seit dem späten neunzehnten Jahrhundert bedeutet das auch: Der Mensch wird zum Träger eines moralischen Mandats, die Landschaft so intakt wie möglich zu belassen.

Die Landschaft in *Gösta Berling* entspricht, ganz und gar offensichtlich, der Gegend, in der Selma Lagerlöf am 20. November 1858 geboren wurde, als fünftes von sechs Kindern Erik Gustaf Lagerlöfs, eines ehemaligen Leutnants im Infanterieregiment Värmland, und seiner Frau Louise, geborene Wallroth, der Tochter eines wohlhabenden Kaufmanns und Patrons. In den Bildern, die Selma Lagerlöf öffentlich vom kleinen Gut Mårbacka mit seiner Herrschaft und seinem Gesinde entwirft, bleibt dieses Mandat wirksam: im Vater mit seiner großen Verehrung für die Dichtkunst, in den fünf Kindern, die gemeinsam in Mårbacka aufwuchsen (eine ältere Schwester war im Alter von drei Jahren gestorben). Außer den beiden hübschen Schwestern, Anna, der älteren, und Gerda, der jüngeren, gab es dort Daniel Lagerlöf, den Ältesten, der Arzt in Kungälv wurde, und Johan, der in die Vereinigten Staaten auswanderte. Zum Haushalt gehörten ferner die Großmutter mütterlicherseits, eine unverheiratet gebliebene Schwester des Vaters sowie zumindest gelegentlich der Gatte einer früh gestorbenen weiteren Schwester, Carl von Wachenfeldt mit Namen. Dieser Mann scheint wenigstens in späteren Jahren ein Nichtsnutz gewesen zu sein. In der Idylle aber fallen solche Dinge nicht auf, jedenfalls nicht als unbedingt störend oder unangenehm. Sie erscheinen als Ensemble freundlicher Skurrilitäten, aus denen der Stoff für Anekdoten erwächst. Sie gehorchen dem Mandat der Landschaft, das gar keine anderen menschlichen Verhältnisse zuzulassen scheint.

Diese Anliegen schwingen mit, wenn Selma Lagerlöf die Landschaft um den See Fryken beschreibt, der in der Geschichte von *Gösta Berling* Löven heißt: »Man braucht ihn nur an einem Sommermorgen zu betrachten, wenn er verschlafen unter dem Nebelschleier liegt, um zu spüren, wie heiter er ist. Zunächst ziert er sich eine Weile und schält sich sachte, ganz sachte aus der leichten Umhüllung, so bezaubernd schön, dass man ihn kaum wiedererkennt, aber dann wirft er mit einem Ruck die ganze Decke von sich und liegt entblößt und nackt und rosig da und glitzert im Morgenlicht.« Es gibt unendlich viele Beschreibungen schwedischer Landschaften im Werk von

Die Mutter Louisa Lagerlöf mit ihren Kindern 1872. Daniel hat den Arm um seine Schwester Selma gelegt und hält seine Studentenmütze in der Hand. Anna hat sich bei ihrem Bruder Johan eingehakt. Neben der Mutter sitzt die jüngste Tochter Gerda.

Vy över Stömne, Värmland.

foto
47/50
Förlag: Arvika Pappers- & Konsthandel.

Ljusnästorp, Stöllet, Värmland.

Foto: B. Göransson, Sunne.

Selma Lagerlöf. Der Roman *Nils Holgerssons wunderbare Reise durch Schweden*, als Lesebuch für die Volksschule entstanden und zuerst in den Jahren 1906 und 1907 veröffentlicht, ist gar in seinen wesentlichen Momenten der Schilderung dieser Landschaften verpflichtet. Die einzelnen Elemente der Landschaftsbeschreibungen erscheinen dabei immer wieder subjektiviert: Der Berg, der Fluss, der Wald treten auf, als wären sie eigenmächtig handelnde Wesen, und sie gewinnen dadurch eine scheinbare Festigkeit, ja Souveränität, die im Begriff der Landschaft fehlen muss.

Landschaften lassen sich, wie auch Träume, falls überhaupt, nur unter Schwierigkeiten erzählen. Nie scheinen die Worte auszureichen, immer ist da ein Ungenügen, dass das Wesentliche, das einem in der Erinnerung so deutlich vor Augen zu stehen scheint, am Ende doch nicht getroffen ist. »Nirgends sind Worte so dürr wie hier«, sagt Burkhard Müller, »als wäre aus einem Gemälde die Farbe oder aus einem Foto der geliebten Person die Liebe entwichen.« Was bleibt, ist die Sehnsucht nach einer Versöhnung, die in der Landschaft versprochen zu sein scheint, obwohl das Subjekt in der Landschaft von vornherein nur von sich selber erzählt. Was bleibt, ist vom Unglauben durchdrungener Glaube. Deswegen, so heißt es bei Müller, könne sich in der Beschreibung der Landschaft die Sprache nur als »Stimmungsfühllaut« behaupten, als wollte sie »die eigene Befindlichkeit wie durch einen Äther dem anderen induzieren«, in der Hoffnung, dass es im Zuhörer oder Leser eine Saite gibt, die mitschwingt, auch wenn sie nicht berührt wird. Es ist demnach kein Zufall, wenn *Gösta Berling* mit einer lyrischen Beschwörung der Landschaft Värmlands beginnt. Sie setzt nicht nur den Ton, sondern auch das poetische Verfahren für das gesamte Buch. Und so geht es bis zu den späten Erinnerungsbüchern, bis zu *Mårbacka* (1922) zum Beispiel: »Es war der schönste Tag, den man sich denken konnte. Heller Sonnenschein strahlte auf die Erde herab, die Luft war sommerlich warm und ein paar schöne, weiße Wölkchen schwebten am Himmel dahin« – über Mårbacka, selbstverständlich.

Drei Absichten fallen in diesen Huldigungen an eine schwedische Landschaft zusammen. Die erste besteht in der literarischen (und schließlich auch ökonomischen und politischen) Erschließung einer abgelegenen Region, in einer durchaus widersprüchlichen Bewegung: Gegen die von allen Seiten hereindrängende geschichtliche Welt scheint hier ein Reservat der Zeitlosigkeit zu bestehen, das in einem Welterfolg einer großen Öffentlichkeit dargeboten wird – die

Der Ort Stömne am See Glafsfjorden in Värmland. Historische Ansichtskarte.

Blick über die Orte Ljusnästorp und Stöllet in Värmland.

Scharen von Besuchern, die sich in späteren Jahren in Mårbacka in den Sommermonaten einfanden, um sich der Übereinstimmung von Literatur und Wirklichkeit zu vergewissern, wurden später selbst Selma Lagerlöf zur Last.

Die zweite Absicht besteht in der Formierung einer Nation, die bis ins frühe neunzehnte Jahrhundert hinein eine europäische Großmacht war, sich aber dann an der Peripherie des Kontinents wiederfand, ohne direkte Feinde zwar, also ohne Notwendigkeit, sich nach außen abzugrenzen, aber doch mit dem Willen, sich auch ideologisch zu einer Nation zu bilden. Dieses Projekt der nationalen Einheit verläuft in Schweden über die Entfaltung der Unterschiede zwischen den Regionen und ihres organischen Zusammenhangs: Eine jede Region soll in ihrer Eigenart gewürdigt werden, doch zusammen bilden sie eine Nation, jenseits aller politischen und ökonomischen Gegensätze. Einer solchen Absicht entspricht auch die Einrichtung des Freilichtmuseums Skansen in Stockholm (es spielt eine wichtige Rolle in *Nils Holgerssons wunderbarer Reise durch Schweden*). Eröffnet 1891, im selben Jahr, als *Gösta Berling* erschien, versammelte es historische Bauten aus allen schwedischen Landschaften und wurde so zum Vorbild für unzählige ähnliche Anlagen auf dem europäischen Kontinent.

Die dritte Absicht schließlich ist am schwierigsten zu fassen. Denn sie betrifft den Umschlag des Subjektiven, das in der Anschauung einer Landschaft liegt, in etwas Objektives, in etwas also, das tatsächlich als Grundlage eines Lebens dienen könnte: Wie, wenn Värmland tatsächlich das Land wäre, in dem es sich ebenso fröhlich wie gut (die Formulierung stammt aus *Gösta Berling*) leben ließe, wie, wenn man, wie Nils Holgersson am Ende seiner großen Reise, tatsächlich ankommen könnte? Wie, wenn es wahr würde, was am Ende von *Mårbacka* steht, dass es etwa dem Vater möglich wäre, die ganze Welt zu umfassen »in einer einzigen großen Umarmung.« – »Wenn du es vermöchtest«, dieser Konjunktiv ist die entscheidende Wendung in diesem Satz: Da will sich jemand auf etwas stützen, von dem doch gewiss ist, dass es spätestens im selben Augenblick, in dem man es versucht, nachgibt und wegbricht. Was bleibt, ist die Sehnsucht nach einem Halt, und diese Sehnsucht bestimmt den Ton, der das gesamte Werk Selma Lagerlöfs durchzieht.

Selma Lagerlöf mit ihrer Mutter im Garten des Landhauses in Falun. Aufnahme von 1910.

Ich will eine große Schriftstellerin werden

S o kommt es, dass die Hinwendung zu einer scheinbar archaischen Landschaft, zu einem Bauernleben in einer entlegenen schwedischen Provinz, zum Vollglück in einer großen Beschränkung – kurz: all das, was man Selma Lagerlöf als Nationalschriftstellerin zugutehielt und immer noch zugutehält –, nicht im Entferntesten so naturwüchsig ist, wie es sich die Bewunderer Lagerlöfs gern zurechtlegen. Für »naiv« war sie gehalten worden, als *Gösta Berling* erschien, für ein »kleines Schulfräulein« aus der tiefsten Provinz, das nur durch Zufall oder Intuition in die Avantgarde einer neuen Literatur befördert worden war, die den quälend engen Realismus des späten neunzehnten Jahrhunderts hinter sich gelassen hatte, um sich symbolisch oder symbolistisch einer neuen Sinnsuche hinzugeben – so jedenfalls sah es der Dichter Oscar Levertin, einer der erfolgreichsten schwedischen Literaturkritiker seiner Zeit.

Tatsächlich empfing Selma Lagerlöf eine auch für damalige Verhältnisse ungewöhnlich gute Ausbildung. Zwar erhielt sie den Schulunterricht, wie ihre Schwestern, zu Hause. Später, als die wirtschaftlichen Verhältnisse auf Gut Mårbacka prekär geworden waren, war sie es, die ihre kleine Schwester Gerda unterrichtete, aber sie scheint diese Aufgabe souverän gemeistert zu haben. Sie hinkte ein wenig, infolge eines mangelhaft ausgebildeten Hüftgelenks, was ihre Neigung, sich mit Büchern zu beschäftigen, offenbar verstärkte. Sie las, was es damals für ein Kind zu lesen gab: die Märchen aus Tausendundeiner Nacht, die historischen Romane von Walter Scott, Abenteuerromane in großer Zahl. Und sie fing früh an, selber zu schreiben, und das heißt: zu dichten, Gelegenheitslyrik, Stücke für das Puppentheater. Ein Gelegenheitsgedicht war es auch, das Selma Lagerlöf den Weg zu einer höheren Ausbildung öffnete. Schon zweiundzwanzig Jahre war sie alt, als sie bei einer Hochzeit in der Nachbarschaft von Mårbacka einige Verse vortrug, die eine Tochter des Probstes von Sunne auf

Das Lehrerkollegium in Landskrona 1890. Stehend v. l.: Anna Oom, Selma Lagerlöf, die Rektorin Josepha Ahnfeldt, Selma Söderström, Fanny Runneström. Sitzend v. l.: Emma Kornhamn, Karin Åhman, Dagmar Lauritzen, Elise Gustavsson und Ebba Ahlgren.

Stockholm. Kungl. Teatern och Jakobs Kyrka.

Historische Ansichtskarte von Stockholm, um 1890.

Henrik Ibsen 1898. Foto von Gustav Borgen.

Die Schriftstellerin und Frauenrechtlerin Carin Sophie Adlersparre gründete unter anderem die *Tidskrift för hemmet* (*Zeitschrift für das Haus*) und 1884 den Fredrika Bremerförbundet, die erste ernstzunehmende Organisation der schwedischen Frauenbewegung. Die Aufnahme aus den 1860er Jahren stammt von Bertha Valerius.

Die für Frauen- und Kinderrechte eintretende Ellen Key, die Selma Lagerlöf in Stockholm persönlich kennen und schätzen gelernt hatte. In ihrem Buch *Das Jahrhundert des Kindes* von 1900 plädierte Key für eine größere Selbstverantwortung des Kindes; in der Figur des Nils Holgersson fand die Freiheit ihre literarische Darstellung.

Der Nähkreis von Landskrona ohne sein berühmtestes Mitglied Selma Lagerlöf, die ihn während ihrer bis 1895 andauernden Lehrerinnenzeit besuchte. Foto von 1885.

sie aufmerksam werden ließen. Eva Fryxell, eine engagierte Frauenrechtlerin, bewegte die Eltern Lagerlöf, ihrer Tochter zu erlauben, einen Kredit für die Ausbildung zur Lehrerin in Anspruch zu nehmen. So kam sie im Herbst 1881 nach Stockholm, erst an das Lyceum Sjöberg zur Vorbereitung des eigentlichen Studiums (sie besaß ja keine formelle Schulbildung), danach an das noch junge Lehrerinnen-Seminar, das gegründet worden war, um mit Hilfe der Frauen den Bildungsstand der Nation zu heben. Dort hatte sie ausgezeichnete Lehrer wie den Philosophen Gustaf Jacob Keijser, der den Religionsunterricht zuweilen mit der Lektüre der Dramen Henrik Ibsens bestritt. Überhaupt kam sie dort wohl zum ersten Mal mit den großen intellektuellen Strömungen jener Zeit in Berührung, mit den zur Ideologie gewordenen Naturwissenschaften ebenso wie mit dem Spiritismus, mit dem Sozialismus ebenso wie mit der Religionskritik.

Mit dem Besuch des Seminars in Stockholm begann eine lange Kette von Ereignissen in Selma Lagerlöfs Leben, über die man jeweils sagen kann, sie sei darin die »Erste« gewesen. Lehrerin war einer der ersten Frauenberufe, noch vor der Sekretärin. Um das Jahr 1880 hatte es in Schweden gut 4 000 Lehrerinnen gegeben, zwanzig Jahre später waren es mehr als doppelt so viele. Selma Lagerlöf war die erste Schriftstellerin des Landes, die von ihren Honoraren tatsächlich leben konnte; im Jahr 1909 wurde sie als erster schwedischer Staatsbürger und als erste Frau zum Nobelpreisträger für Literatur, fünf Jahre später zum ersten weiblichen Mitglied der Schwedischen Akademie. Nichts von alledem hätte sie erreicht, wäre ihr Werk tatsächlich aus Naivität und Heimatverbundenheit hervorgegangen. Stattdessen unterwarf sie ihr Leben einer Regie, die ein erhebliches Maß von Planung und Effizienz vorausgesetzt haben muss: »Ich will eine große Schriftstellerin werden, unbedingt«, schrieb sie 1886 an eine Vertraute, »ich lasse die Welt, die Schule, meine Familie leben, wie sie wollen, ich habe wirklich nur ein Interesse.«

Ungefähr um dieselbe Zeit fiel sie Sophie Adlersparre auf, einer der zentralen Gestalten in der frühen schwedischen Frauenbewegung und Herausgeberin der Zeitschrift *Dagny*. Dort konnte sie zum ersten Mal Gedichte veröffentlichen, später auch Rezensionen. Und Sophie Adlersparre redete ihr das Dichten in Versen aus, allerdings mit der Folge, dass ihre ersten Prosaversuche – auch die ersten Entwürfe für *Gösta Berling* – im damals vorherrschenden naturalistischen Ton gehalten waren. Überhaupt waren es immer wieder Frauen, in deren Gesellschaft Selma Lagerlöf lebte und arbeitete, von denen sie geför-

Selma Lagerlöf in ihrem Nobelpreis-Kleid, das von Augusta Lundin entworfen wurde. Aufnahme um 1912.

Selma Lagerlöf (rechts am Tisch) in der Schwedischen Akademie.

dert wurde und die sie förderte. Auch die Schule in Landskrona, an der sie arbeitete, lag in den Händen von Frauen. Es waren Frauen aus dieser Schule, mit denen sich Selma Lagerlöf zusammentat, um eine Abendschule für die Arbeiterinnen der nahegelegenen Zuckerfabrik zu gründen – es wurde nichts aus diesem Plan, aus bürokratischen Gründen, aber gleichwohl. Und das Nähkränzchen, zu dem man sich in Landskrona zusammenfand, war selbstverständlich nicht nur der Handarbeit gewidmet, sondern stellte eine frühe Form weiblicher und durchaus politischer Selbstorganisation dar.

»Was mich in der frühen Zeit des Aufenthalts am meisten interessierte«, schrieb Selma Lagerlöf über ihre Jahre in Landskrona, »das waren die vielen sozialen Fragen, um die es zu jener Zeit ging. Alles, was mit Unterricht zu tun hatte, mit Frieden, Abstinenz, Frauenfragen, Armenfürsorge, das fing meine Aufmerksamkeit.« Tatsächlich begleiteten diese »Fragen« sie nicht nur ein Leben lang, sondern sie machte die entsprechenden volkspädagogischen Anliegen zu ihrer persönlichen Sache. Das gilt für die Literatur: für das Lob der Arbeit, in dem *Gösta Berling* endet, für die Vermittlung einer nationalen Kulturgeographie in *Nils Holgerssons wunderbarer Reise*, für die Propaganda gegen den damals weit verbreiteten Alkoholmissbrauch im *Fuhrmann des Todes* (1912) oder für den rigorosen Pazifismus in *Das heilige Leben* (1918). Und das gilt für ihr öffentliches Engagement: ihre Unterstützung der Frauenbewegung, ihren Einsatz für das allgemeine Stimmrecht für Frauen (es wurde in Schweden im Jahr 1921 eingeführt) und ihr Wirken im Gemeinderat von Östra Ämtervik (nach 1919) einschließlich der ihr darin übertragenen Verantwortung in der Armenfürsorge.

Zur Modernität Selma Lagerlöfs gehört schließlich eine große Aufmerksamkeit gegenüber dem technischen Fortschritt. Inspiriert vermutlich durch eine gründliche und breite Lektüre von Zeitungen nahm sie nicht nur in ihren Romanen technische Entwicklungen voraus: das Automobil in *Gösta Berling*, das Flugzeug (genauer: die Flugperspektive) in *Nils Holgersson*. Sie setzte ihr Interesse am Fortschritt auch praktisch um: Mit der Rückkehr nach Mårbacka begann nicht nur eine Aneignung, die frühere Besitzverhältnisse wiederkehren ließ. Zugleich war diese Inbesitznahme umfangreicher und intensiver, als sie dem Vater je in den Sinn gekommen, geschweige denn gelungen wäre. Und sie beinhaltete den Einsatz von jüngster Technik: von Automobil und Reklame, von Serienproduktion und Telefon, von Elektrizität und Rundfunk.

Selma Lagerlöf hört Radio in Mårbacka. Aufnahme von 1936. Das Radio stammt aus der Mitte der 1920er Jahre und hatte keinen Lautsprecher, sondern nur Kopfhörer.

Lagerlöf posiert vor ihrem Nash, Baujahr 1928. Foto: David Holmquist, Sunne.

Die Dichterin Ende der dreißiger Jahre, nun vor einem Radiogerät mit Lautsprecher. Foto: Dan Gunner, Karlstad.

Bescheidene Nachplapperer, diese Menschen

Erst seit es Großstädte gibt, gibt es auch Kleinstädte. Und erst seitdem es Urbanität gibt, gibt es das Leben auf dem Lande. Die moderne Heimat entstand, faktisch und materiell betrachtet, als die Industrialisierung auch die ländliche Welt zu ergreifen begann. Heimat wurde etwas, das abhanden gekommen war, wie die gute alte Zeit. Weder das eine noch das andere hatte es je gegeben. Der Heimatroman lebte im neunzehnten Jahrhundert vom verklärenden Rückblick auf Dörfer, Bauern, Berge. Aber nicht selten rivalisierten die Romane auch mit den besten Vertretern der Landschafts- oder Genremalerei. In Iwan Bunins Roman *Das Dorf* aus dem Jahr 1910 ist das zum Beispiel zu spüren, wenn vor dem Leser das Panorama einer bäuerlichen Welt eröffnet wird, wie man sie sich prosaischer nicht vorstellen kann, einer Welt, wo der Staub über die einzige Straße weht, der Moder aus den Ecken der Hütten hervorkriecht und man riecht, dass die Menschen sich lange nicht gewaschen und vor kurzem Schnaps getrunken haben. Und doch ist dieses Buch auch ein Heimatroman: Denn es zeichnet ihn aus, dass das Gefühl, eine Heimat verloren zu haben, größer und tiefer ist als alles, was jemals in dieser Heimat enthalten war oder darin stattgefunden hatte.

Gösta Berling sei, so lautet ein Gerücht, an dem Selma Lagerlöf selbst großen Anteil hatte, aus der mündlichen Tradition Värmlands heraus entstanden. Vor allem die Großmutter sei es gewesen, die für die Vermittlung dieser Tradition gestanden habe: »Tag für Tag«, heißt es in *Mårbacka*, habe sie »auf dem Ecksofa im Kinderzimmer gesessen und ihnen vorgesungen oder Geschichten erzählt. [...] Das war wunderschön gewesen.« Tatsächlich hatte Selma Lagerlöf lange geübt, bevor sie den Ton für dieses Buch gefunden hatte, fast zehn Jahre lang. Der märchenhaft romantische, ja lyrische Gestus der Erzählung hatte sich keineswegs von allein eingefunden. Je genauer man schaut, desto offensichtlicher wird, wie viele Vorbilder es für

Selma Lagerlöf 1902 auf dem Balkon ihrer großzügigen Wohnung im Centralpalatset in Falun. Foto: Anna Schröder, Falun.

Die Mädchenschule in Landskrona. Die
drei oberen Fenster im Giebel gehörten
zu Selma Lagerlöfs Wohnung. Foto von
Kjell Sundström.

dieses Werk gegeben haben muss: Gar nicht zu übersehen ist Johann Wolfgang Goethes *Faust*, oder genauer: der erste Teil des Dramas. An dieses Theaterstück erinnern nicht nur der Teufelspakt und die letzte Szene, also die Aufhebung des Paktes zum Klang der Arbeit, sondern auch das Verhältnis des Helden zu den Frauen – nur dass es anstelle eines Gretchens gleich mehrere Frauen gibt, die Gösta Berling ins Unglück stürzt. Zu den Einflüssen zählen gewiss auch Henrik Ibsens dramatisches Gedicht *Peer Gynt* (1845–1848), Sören Kierkegaards philosophisches Hauptwerk *Entweder – Oder* (1843), jedenfalls die darin enthaltenen Ausführungen zu Don Giovanni, Thomas Carlyles Geschichtswerk *The French Revolution. A History* (1837) und unzählige andere mehr. Sehr aufmerksam hatte Selma Lagerlöf die Literaturgeschichte studiert, als sie an ihrem ersten eigenen großen Werk arbeitete.

Gösta Berling entstand auf dem Dachboden der Volksschule für Mädchen in Landskrona, einem zweistöckigen Bau im Zentrum der kleinen Stadt, unter improvisierten und ärmlichen Bedingungen. Und auch der Weg in die Öffentlichkeit hatte etwas Improvisiertes: Im Jahr 1890 nämlich schrieb die Frauenzeitschrift *Idun* einen literarischen Wettbewerb aus, der mit fünfhundert Kronen dotiert war – was damals nahezu Selma Lagerlöfs halbem Jahresgehalt entsprach. Fünf Kapitel aus dem halbfertigen Werk schickte sie ein. *Idun* war nicht der beste Ort für ein solches Debüt, obwohl die drei Juroren Schriftsteller von einigem Ansehen waren und der Wettbewerb nicht unabsichtlich für ein »Feuilleton« ausgeschrieben wurde. Doch war die Begründung für die Preisvergabe bemerkenswert: Das ausgezeichnete Werk, teilte die Redaktion am 7. November 1890 mit, weise literarische Verdienste auf, die »es nicht nur weit vor alle Mitbewerber stelle, sondern auch vor das meiste, das die einheimische Literatur seit langem hat anbieten können«. Die fünf Kapitel erschienen daraufhin als von der Zeitschrift veranstalteter separater Sonderdruck. Mehr Publizität hätte man sich für ein Debüt nicht vorstellen können.

Als im Jahr darauf der fertige Roman in einem minder bedeutenden Verlag erschien, waren die Kritiken alles andere als entschlossen freundlich, allenfalls gespalten, manche sogar feindselig: *Gösta Berling* brach mit den realistischen Konventionen, die zu jener Zeit nicht nur in der schwedischen Literatur galten. Die Sprache war expressiv und stark rhythmisiert, der Fluss der Sätze immer wieder unterbrochen durch Ausrufe, Ansprachen an den Leser, Ausdrücke des Gefühls. Eine romantische Welt tat sich auf, voller Abenteuer und

Feste, ganz unschwedisch. Der Held wird von Frauen umschwärmt, die Kavaliere herrschen nach Art von Bacchanten, Nüchternheit ist ihnen selbst so fremd wie dem gesamten Buch. Aber es war nicht nur das Neue, Unerwartete und Unpassende, das die zögerliche, zweifelnde Aufnahme dieses Buches in Schweden begründete. Denn es verwandelte sich mit seinem Erscheinen zum Katalysator einer literaturpolitischen Auseinandersetzung, in der einige der jüngeren Schriftsteller und Kritiker – Oscar Levertin und Verner von Heidenstam vor allem – gegen ein Establishment revoltierten, das mit seinem zur Tradition gewordenen Realismus die wichtigsten Posten im schwedischen Kulturbetrieb besetzte, etwa in Gestalt von Carl David af Wirsén, dem Ständigen Sekretär der Schwedischen Akademie. Was nun zählen sollte, war der womöglich nationalromantische Überschwang, das überschäumend (und womöglich dekadent) Poetische, die Schwärmerei. Es ist unwahrscheinlich, dass Selma Lagerlöf nicht gewusst hatte, worauf sie sich mit *Gösta Berling* einließ.

Entschieden wurde die Debatte durch eine Rezension aus dem Ausland. Schon ein Jahr nach Erscheinen des Originals wurde *Gösta Berling* in Dänemark veröffentlicht. Selma Lagerlöf schickte Georg Brandes, einem der bekanntesten Kritiker nicht nur des Nordens, ein Exemplar mitsamt dem Begleitschreiben »einer armen Anfängerin«, sie machte ihm sogar eine Aufwartung. Georg Brandes war der Mann gewesen, der Friedrich Nietzsche dem großen Publikum erschlossen hatte. Und dieser Kritiker schrieb nun in *Politiken*, der mächtigsten Tageszeitung des Landes, im Januar 1893 eine Kritik, in der er »die erstaunliche Einzigartigkeit des Materials und die Originalität der Darstellung« lobte und sich für den »rhythmischen Fluss, oder schlechthin lyrischen Stil« begeisterte. Dass sich ausgerechnet dieser weltläufige und vielsprachige Mann einer Geschichte aus der tiefen schwedischen Provinz annahm, war für den Erfolg von *Gösta Berling* dabei vermutlich von größerer Bedeutung als der Umstand, dass dieser Kritiker berühmt war. Nach der Rezension notierte Selma Lagerlöf: »Es ist, als wäre ich erst jetzt Schriftstellerin geworden. Es sind doch alles bescheidene Nachplapperer, diese Menschen.« Kurz darauf wechselte Selma Lagerlöf den Verlag. Fortan veröffentlichte Karl Otto Bonnier, der mächtigste Verleger Schwedens, ihre Bücher.

Noch gab Selma Lagerlöf das Lehramt nicht auf. Zwischen den Jahren 1892 und 1895 teilte sie ihre Zeit zwischen Schriftstellerei und Schule, erst dann wagte sie den Schritt in eine Existenz als freie Autorin. In dieser Zwischenzeit probierte sie wechselnde Stilformen und experi-

Selma Lagerlöf mit Kurzhaarschnitt, 1896.
Foto von Anton Hagman, Landskrona.

Der Verleger Karl Otto Bonnier und sein
Sohn Tor. Die Aufnahme entstand anlässlich des fünfundsiebzigjährigen Verlags-
jubiläums am 30. Oktober 1912.

mentierte mit verschiedenen Stoffen. Es entstanden Erzählungen mit weit auseinanderliegenden Themen, darunter die bittersüße Liebesgeschichte *Onkel Theodor* (1894), die, nicht zuletzt als Lustspiel (1914) und Film (1919/41), im frühen zwanzigsten Jahrhundert zu einem ihrer beliebtesten Werke wurde. Den lyrischen, hochgespannten Ton von *Gösta Berling* allerdings benutzte sie später höchstens noch in stark gemilderter Form.

Rock aus Fichtenreisig, Joppe aus grauem Stein

Ein Kreis scheint sich zu schließen: Die Schar Graugänse, mitsamt der Hausgans Mårten und Nils Holgersson, dem Däumling, ist schon wieder auf der Rückkehr von ihrem Sommeraufenthalt im äußersten Norden des Landes, als sie auf einem kleinen Herrenhof in Värmland Station macht. Auch die Autorin des Buches, also Selma Lagerlöf, ist dort eingetroffen: Längst gehört der Hof anderen Leuten, aber sie will die Stätte ihrer Kindheit noch einmal sehen. So begegnen sich die beiden im Garten, in einem Augenblick, in dem Nils Holgersson wieder einmal in höchster Lebensgefahr schwebt, weil ein Kauz ihn fressen will. Umgekehrt aber rettet auch der Däumling die Schriftstellerin. Sie war in ihre alte Heimat gefahren, weil sie die Aufgabe übernommen hatte, ein Lesebuch für den Unterricht in nationaler Geographie und Naturkunde zu schreiben. In der Stadt aber, an ihrem Schreibtisch, habe sie keine Form dafür gefunden, sagt sie. Daraufhin erzählt ihr Nils Holgersson seine Geschichte, und die wiederum bildet das Buch, das nun vor dem Leser liegt. Die Stadt übrigens ist Falun, die Bergwerksgemeinde in Dalarna, wohin Selma Lagerlöf im Jahr 1897 gezogen war, um in der Nähe ihrer jüngeren Schwester Gerda zu leben, und die sie 1910 verließ, um sich für den Rest ihres Lebens nach Mårbacka zu begeben – auf eben denselben Hof, wo angeblich auch diese Begegnung stattfand. Nils Holgersson und Selma Lagerlöf retten sich also nicht nur gegenseitig, sie befinden sich auch beide auf dem Heimweg.

Nils Holgerssons wunderbare Reise durch Schweden ist tatsächlich ein Auftragswerk, und es ist nicht das einzige im Œuvre Selma Lagerlöfs: Der kleine Roman *Der Fuhrmann des Todes* (1912) wurde auf Begehren des »Schwedischen Nationalverbands gegen die Tuberkulose« geschrieben, und die romanhafte Biographie *Zachris Topelius* (1920) entstand auf Wunsch der Schwedischen Akademie, um den Schriftsteller, Journalisten und ersten großen Historiker Finnlands

Der Däumling. Zeichnung von John Bauer. Illustration aus der Originalausgabe von *Nils Holgerssons underbara resa genom Sverige* von 1906/07.

FALUN Posthuset och Kristine Kyrka   1710

NILS
HOLGERSSONS
UNDERBARA
RESA
GENOM SVERIGE
AV
SELMA LAGERLÖF

FÖRSTA BANDET

zu ehren. *Nils Holgersson* war eines der größten Publikationsprojekte, die es bis dahin in Schweden gegeben hatte. Denn das »Lesebuch für die Volksschule«, das seit 1868 in Gebrauch gewesen war, sollte durch ein modernes Werk ersetzt werden. Eine literarische Form lag den Auftraggebern – dem Lehrerverband und Unterrichtsministerium – dabei im Sinn, denn es sollten ja neun- bis elfjährige Kinder unterwiesen werden und zwar nicht mehr so trocken und enzyklopädisch wie im alten Lesebuch, sondern mit Rücksicht auf die kindliche Phantasie und Begeisterungsfähigkeit. Die Struktur dieses Werkes aber wurde Selma Lagerlöf zum Problem, trotz der vielen Reisen durch das ganze Land, die sie in Begleitung ihrer Freundin Valborg Olander unternahm. Vier, wenn nicht fünf Jahre vergingen, bis ein Däumling auf einer Gans saß und vom äußersten Süden Schwedens bis in den äußersten Norden und wieder zurück flog.

Das Volkspädagogische an diesem Projekt war Selma Lagerlöf willkommen. »Ich will, dass die Jugend durch ihr Lesebuch ihr Land richtig kennenlernt«, schrieb sie im November 1904 an Josepha Ahnfeldt, die Rektorin ihrer ehemaligen Schule in Landskrona, »dass sie lernt, es zu lieben und zu verstehen, dass sie etwas über die vielen Hilfsmittel und Entwicklungsmöglichkeiten weiß, die darin zur Verfügung stehen, so dass sie nicht bei der ersten Gelegenheit nach Amerika verschwindet.« Die Mittel, die sie bei diesem Unternehmen einsetzt, sind so einfach wie wirksam: Es ist zunächst die Reise, in der Bericht, Bildungsroman und moralische Belehrung verschmelzen. Dann sind es die Tiere als Handlungsträger, die eine jede Landschaft lebendig werden lassen. Ferner ist es der Flug, aus dessen Perspektive sich die Landschaft überhaupt erst als solche formiert, und der dem Flug komplementäre Däumling, dem sich die Welt nicht nur von unten darstellt, sondern in Gestalt einer unüberwindlichen Zahl von Hindernissen. Und schließlich ist es die Bewegungsrichtung von Süden nach Norden, die in Schweden einen besonderen Sinn annimmt: Denn Schweden ist eine relativ junge Nation, und je weiter man nach Norden kommt, desto jünger wird sie. Bis ins neunzehnte Jahrhundert hinein gehörte der Norden nicht recht dazu. Zugleich aber ist im Norden, bedingt durch seinen natürlichen Reichtum – das Holz und das Erz –, die Moderne und ihre Technik besonders gegenwärtig.

»Dieses Land ist in einen Rock aus Fichtenreisig und eine Joppe aus grauem Stein gekleidet«, heißt es in *Nils Holgersson*, »aber um seine Mitte trägt es einen Gürtel, der an Kostbarkeit nicht seinesgleichen hat, denn er ist bestickt mit blauen Seen und blühenden Weiden,

»Die Stadt Falun, die in der Talsenke zu beiden Seiten des Flusses liegt, sieht aus, als hätte man sie an das Gelände angepaßt, auf dem sie errichtet wurde. Auf der grünen Seite des Tales befinden sich alle Gebäude, die gepflegt oder stattlich aussehen. Dort liegen die beiden Kirchen, das Rathaus, die vielen Schulhäuser, die Wohnung des Provinzvorstands, das Büro der Bergwerke, die Banken, [...]. Auf der schwarzen Seite wiederum stehen [...] kleine, rote, niedrige Wohnhäuser, lange, kahle Plankenzäune und große, mächtige Fabrikgebäude.« (aus: *Nils Holgerssons wunderbare Reise durch Schweden*).

Die Wildgänse. Bild von Bruno Liljefors aus *Nils Holgerssons underbara resa genom Sverige.*

Cover der schwedischen Erstausgabe von 1906/07.

Die Beerdigung der gefallenen deutschen
Matrosen in Trelleborg nach der Skagerrak-
schlacht von 1916. Die Leichen wurden zu
Hunderten an der schwedischen West-
küste angeschwemmt, ein Ereignis, das
Selma Lagerlöf in ihrem pazifistischen
Roman *Das heilige Leben* (1918) verarbeitete
und das die entscheidende Wendung der
Geschichte herbeiführt.

Gustav V., ab 1907 König von Schweden,
überreichte Selma Lagerlöf 1909 den
Nobelpreis für Literatur. Historische Postkarte.

und die großen Eisenhütten schmücken es wie eine Reihe edler Steine, und als Schnalle hat es eine ganze Stadt mit einem Schloss und großen Haufen von Häusern.« Und so, wie die Nation in dieses Bild gefasst wird, ist auch die Figur des Nils Holgersson eine politische Allegorie. In ihm, dem Heranwachsenden, nicht mehr ganz Kind und doch noch kein Erwachsener, erscheint das Land geeint, und je vernünftiger er wird, desto weniger wird ihm Schweden als gestürzte Großmacht der Ostsee etwas bedeuten und umso mehr wird ihm an Frieden, Neutralität und vernünftiger Ordnung der sozialen Verhältnisse liegen. Das Ärmliche an seinen Verhältnissen nimmt er hin, oder besser: Er bietet es in trotzigem Patriotismus der Welt zum Vorbild dar.

Auch für *Nils Holgerssons wunderbare Reise durch Schweden* gibt es unzählige Vorbilder, Einflüsse und entlehnte Motive. Der Däumling ist eine alte Märchengestalt. In Frankreich und Italien gibt es im neunzehnten Jahrhundert Nationalromane, in denen reisende Kinder ihr Land kennenlernen. Rudyard Kipling lässt ein Kind mit Tieren und Tiere mit einem Kind sprechen, der *Graf von Monte Christo* spukt ebenso durch dieses Buch wie die *Schatzinsel*. Und ganz gewiss gehorcht *Nils Holgersson* den Ansprüchen an einen Abenteuerroman: Wie eine Truppe von edlen Gesetzeshütern ziehen die Gänse durch das Land, und Nils Holgersson wird schnell zu ihrem d'Artagnan. Wie im Abenteuerroman gestalten sich auch die Verhältnisse zwischen den Figuren des Romans: Sie sind feudal, getragen von persönlichen Beziehungen, von Treue geprägt, manchmal auch von Rache. Und Nils Holgersson hört auf, sich zu entwickeln, nachdem er einmal in der Schar der Gänse aufgenommen ist – denn die Graugänse sind Aristokraten. Danach sind die Guten gut, und die Schlechten bleiben böse. Sie werden am Ende gedemütigt und ins Exil geschickt, nicht aber vernichtet.

Innerhalb dieser Gemeinschaft von Aristokraten gibt es eine Ausnahme: Akka von Kebnekajse, die Leitgans. Allein und uralt, beinahe allmächtig und unerbittlich steht sie über allen, ähnlich wie die Majorin von Ekeby über den Kavalieren steht und wie schließlich auch Selma Lagerlöf als Patronin über Mårbacka herrschte. In dieser Gesellschaftsform mögen die einzelnen Positionen austauschbar sein, man bleibt beieinander und ist gleichberechtigt. Die Grundlage dieser humanen Ordnung aber ist das Matriarchat. Selma Lagerlöf glaubte ernsthaft an den Sinn einer solchen Organisation: Als die »International Alliance of Women« (IAW) im Juni 1911 ihren zu jener

KGL.HOFFOTOGRAF · A. Blomberg Stockholm!

Zeit alle zwei Jahre stattfindenden Kongress in Stockholm ausrichtete, hielt sie eine Rede über das Verhältnis von »Heim und Staat«. Das Heim sei die Domäne der Frauen, erklärte sie, der Staat die Domäne des Mannes. Und während die Frauen immer dafür gesorgt hätten, dass ein Heim wohlbestellt sei, sei der Staat in einem fort missraten. Zu beheben sei die Differenz mit einer neuen Einheit von Heim und Staat, für die das weibliche Geschlecht zu sorgen habe und für die Selma Lagerlöf ein neues Wort erfindet: »samhällsmoderlighet« – »Gesellschaftsmütterlichkeit«.

Das Buch *Nils Holgerssons wunderbare Reise durch Schweden* trug Selma Lagerlöf im Jahr 1907 den Ehrendoktor der Universität Uppsala ein, eine Auszeichnung, die nicht nur ihr gelten dürfe, wie sie meinte, sondern »dem ganzen weiblichen Geschlecht«. Lang ist die Reihe der tapferen, guten Frauen in ihren Büchern, länger noch als die Reihe der treulosen, selbstsüchtigen, verräterischen Männer.

Selma Lagerlöf 1906. Foto von Anton Blomberg.

Die Auferstehung im Bild

In den Erinnerungsbüchern, die Selma Lagerlöf spät in ihrem Leben schrieb, schildert sie ihre Jugend, als wäre sie eingerahmt gewesen von einer Großfamilie, die zusammengehalten wurde von einem Mann: Erik Gustaf Lagerlöf, dem belesenen, unterhaltsamen, begeisternden Patron. »Du bist kein großer bedeutender Mann«, schrieb sie am Ende von *Mårbacka*, kurz vor dem Kapitel, das dem 17. August 1919, dem hundertsten Geburtstag ihres Vaters, gewidmet ist. »Du hast keine großartigen Taten vollbracht. Aber in dir wohnt das große Wohlwollen, das offene Herz. Wir wissen, wenn du es vermöchtest, würdest du uns und die ganze Welt umfassen in einer einzigen großen Umarmung.« Das Wort, das Selma Lagerlöf am häufigsten für ihren Vater benutzt, lautet »unwiderstehlich«. Es mag seine Berechtigung gehabt haben angesichts des langsamen Untergangs dieses Mannes im Alkoholismus. Doch schon während ihrer Kindheit muss die Wirklichkeit eine andere gewesen sein: nämlich so, wie sie in *Gösta Berling* den Verfall des sehnsüchtigen Pfarrers schildert, so, wie im *Fuhrmann des Todes* der lungenkranke Säufer David Holm mit seinen Kumpanen in einer Silvesternacht auf dem Friedhof sitzt, nachdem er das Leben von Familie, Freund und Sozialhelferin vernichtet hat, so, wie sie in ihrem Roman *Der Kaiser von Portugallien* (1914) den Wahn des Kätners Jan aus Skrolycka schildert.

Es gibt viele Trinker in den Büchern Selma Lagerlöfs, sie kannte sich mit ihnen aus. Und es kann keinen Zweifel daran geben, dass Mårbacka spätestens in den siebziger Jahren ein sichtbar verfallendes Anwesen war. Die Armut wuchs. Selma selbst musste, gegen den Willen des Vaters, einen Kredit aufnehmen, um in Stockholm studieren zu können. Einer ihrer Biographen notiert zu ihren Lebenserinnerungen: »Hinter den vorsichtigen Andeutungen, die Selma Lagerlöf sich selbst als Kind zuschreibt, lag die bittere Einsicht in eine Lebenstragödie: die des Vaters, der Alkoholiker wurde und die Unerträglich-

Selma Lagerlöf 1881. Foto von Anna Ollson, Karlstad.

SVENSKA
AKADEMIEN

ar vid sitt sammanträde den
11 november 1909 i enligbet
med föreskrifterna i det af

ALFRED NOBEL

den 27 november 1895 upprätta-
de testamente beslutit att öf-
verlämna Nobelpriset i littera-
tur för innevarande år åt

SelmaLagerlöf

på grund af den ädla ide-
alitet / den fantasiens rike-
dom och den framställnin-
gens själfullhet / som präg-
la hennes diktning.

Stockholm den 10 december 1909.

Selma Lagerlöfs Nobelpreis-Urkunde aus
dem Jahr 1909, auf der rechten Seite steht
die Begründung der Akademie. Das Aqua-
rell stammt von Agi Lindegren.

Die feierliche Verleihung des Literatur-
nobelpreises an Luigi Pirandello am
10. Dezember 1934.

keit des Daseins in einer morschen Traumwelt zu verzaubern suchte.« Am Ende war vom Hof nichts mehr da, der einst so starke Solidarverband hatte sich aufgelöst. Kein Trost stand mehr in der Sichtachse, weder echter noch falscher, und der Blick aufs Ende muss beängstigend frei gewesen sein.

Auch der schwedische Schriftsteller Per Olov Enquist weiß etwas über Alkohol. Er war selbst Alkoholiker, über den größten Teil seines erwachsenen Lebens hinweg. Seine Autobiographie *Ein anderes Leben* (2008) handelt von dieser Zeit und von ihrem plötzlichen Ende nach einer Entziehungskur im Jahr 1990. Ein paar Jahre später schrieb er ein Theaterstück mit dem Titel *Die Bildermacher*. Premiere hatte es im Februar 1998, in der Regie von Ingmar Bergman. Es handelt von einer Begegnung, die hätte stattfinden können, wenn sie nicht gar stattgefunden hat: An einem Herbstabend des Jahres 1920 treffen sich Selma Lagerlöf und der Regisseur Victor Sjöström, um sich die fast vollendete Verfilmung des Romans *Der Fuhrmann des Todes* anzusehen – einen Film, der nicht nur bald darauf weltberühmt wurde, vor allem der Doppelbelichtungen wegen, sondern auch wesentlichen Einfluss auf das Schaffen Ingmar Bergmans hatte. Mit dabei sind der Kameramann Julius Jaenzon, der die Technik für die Gespensterszenen ersonnen hatte, und die junge Hauptdarstellerin Tora Teje. Ein Kammerspiel entwickelt sich, in dessen Zentrum der Niedergang im Alkoholismus und die Auferstehung im Bild steht – das »Lebensprojekt« Selma Lagerlöfs.

In einem Essay, der als Anhang zur Buchveröffentlichung des Dramas publiziert ist, liest Per Olov Enquist die Bücher Selma Lagerlöfs noch einmal als Dokumente einer sekundären Abhängigkeit, die vor allem die Frauen in der Umgebung eines Alkoholikers treffe: »Diese Frauen sehen vor ihren Augen, wie ein erwachsenes Kind geboren wird, und sie glauben, die Verantwortung für dessen Pflege zu haben. Das Kind macht sie fürchten, und sie glauben, dass der Fehler bei ihnen liegt [...] Es gibt viele solche Fälle. Gemeinsam ist ihnen, dass sie, auf irgendeine Weise, grundlegend durch ihre sekundäre Abhängigkeit geschädigt sind. Sie bleiben für ihr ganzes Leben geschädigt, weil sie nicht aufhören können, eine Scham zu verbergen, die zu verbergen sie gelernt haben, und weil sie im Grunde glauben, dass die Schuld bei ihnen liege. Ein Fall ist jedoch ausgesprochen selten. Das ist die Tochter, die den Nobelpreis für Literatur erhielt, die erfolgreiche, verehrte, bewunderte Tochter. Dieser Fall erinnert [...] an ein Reaktionsmuster, das man gewöhnlich als ›magisches Denken‹

bezeichnet. […] Das Kind empfindet Machtlosigkeit, glaubt sich verantwortlich für den Alkoholismus des Vaters und konstruiert eine Vorstellung, dass eine magische Lösung die Situation retten kann.« Die Märchenerzählerin aus Mårbacka habe, so Per Olov Enquist, sich diese barmherzige Illusion ihr ganzes erwachsenes Leben lang bewahrt.

Entsprechend werden die Romane gelesen: *Gösta Berling* ist die Geschichte eines Menschen, der flieht, nicht zuletzt in den Alkohol, und der dann wider Erwarten zurückkehrt, dank der Liebe einer jungen Frau. Der *Kaiser von Portugallien* ist die Geschichte einer Frau, die ihren Vater verlässt, worauf dieser geisteskrank wird (eine Umschreibung für Alkoholismus, sagt Per Olov Enquist). Der *Fuhrmann des Todes*: die Geschichte einer jungen Frau, die einen Alkoholiker zu retten versucht und daran zugrunde geht, während er zu einem neuen Leben aufbricht (eigentlich ein Buch über Tuberkulose, aber der Alkohol dringt durch alle Poren). Und immer wieder sind da die jungen Frauen und die älteren Männer, in *Onkel Theodor* oder in *Charlotte Löwensköld* (1925). Während die Familie sich darüber wunderte, wie sie in ihrer Dankrede zum Nobelpreis den Vater verherrlichte, den sie doch in seinen letzten Lebensjahren verabscheut hatte, war sie schon dabei, Mårbacka zurückzukaufen und aus dem Hof das beeindruckende Lebenswerk zu machen, das der Vater verfehlt hatte. Aber so ging das fort: Auch *Mårbacka* kann als eine große Huldigung an den Vater gelesen werden: »Sein ganzes Leben lang hatte er davon geträumt, ein richtiges Herrenhaus aus seinem geliebten Heimathof entstehen zu sehen.« Seine Tochter vollendete den Traum.

Selbstverständlich liegt Per Olov Enquists Deutung von Werk und Leben Selma Lagerlöfs eine Verschwörungstheorie zugrunde: der Glaube an den verborgenen Ursprung eines ganzen Œuvres. Manches geht darin auf, manches erscheint übertrieben. So war, um nur ein Beispiel zu nennen, das Häuserbauen ein Projekt, für das sich viele Schriftsteller des frühen zwanzigsten Jahrhunderts begeistern konnten. Thomas Mann bezog die Münchner Villa, auf die er fast zwanzig Jahre lang stolz war, im Februar 1914; der schwedische Arzt Axel Munthe, damals weltberühmt, baute sich erst eine Villa auf Capri und dann um das Jahr 1910 eine zweite am See Siljan in Dalarna (sie ähnelt übrigens dem neuen Mårbacka sehr); Gerhart Hauptmann hatte sich schon zuvor eine private Burg im niederschlesischen Agnetendorf bauen lassen. Und Verner von Heidenstam, nach Selma Lagerlöf einer der bekanntesten schwedischen Schriftsteller jener

Greta Garbo in Mauritz Stillers Stummfilmklassiker von 1924 *Gösta Berlings saga*.

Filmplakat von *Gösta Berlings saga* in der Regie von Mauritz Stiller. Obwohl Selma Lagerlöf eine Zusammenarbeit mit Stiller abgelehnt hatte – seine Verfilmung von *Herrn Arnes Schatz* hatte ihr missfallen – gelang ihm mit diesem Film ein Höhepunkt des schwedischen Stummfilms.

Greta Garbo und der Regisseur Mauritz Stiller im August 1925 auf der SS Drottningholm während ihrer Reise in die USA. Der Erfolg von *Gösta Berlings saga* hatte der Garbo einen Vertrag mit der 1924 gegründeten amerikanischen Filmproduktionsfirma Metro-Goldwyn-Mayer eingebracht, die sie zum internationalen Star aufbaute.

James Bourn GÖTEBORG
Kungsgatan 47.

Zeit, ließ sich zur selben Zeit, zu der Mårbacka von Grund auf umgebaut wurde, ein herrschaftliches Haus über dem See Vänern errichten. Die Liste ließe sich noch lange fortsetzen: Jedes Mal ging es um das persönlichste aller Werke, jedes Mal ging es um ein Denkmal der Sesshaftigkeit, in dem ein Künstler eines neuen Typs, ein Hausbesitzer im emphatischen Sinne des Wortes, dem tragischen Intellektuellen und umherirrenden Vaganten entgegentrat, der spätestens seit Dante zwar immer von seinem verlorenen Ort geträumt, ihn aber nie erreicht hatte. Wenn Per Olov Enquist das Werk Selma Lagerlöfs also auf den Alkoholismus ihres Vaters zurückführt, dann hat er mit seiner Ableitung gewiss nicht unrecht. Aber er vereinfacht die Verhältnisse.

Es gibt eine weitere Theorie, der, wenn nicht das Werk, so doch das Leben Selma Lagerlöfs unterworfen wird: Sie fußt auf der Behauptung, die Schriftstellerin sei homosexuell gewesen, und findet ihren Stoff weniger in den Werken als in den Briefwechseln mit den beiden Frauen, mit denen Selma Lagerlöf über viele Jahre hinweg eng befreundet war. Die eine war Sophie Elkan, geboren 1853 in Göteborg, eine heute vergessene, aber damals erfolgreiche Verfasserin vor allem historischer Romane. Ihr war Lagerlöf in den frühen neunziger Jahren begegnet. Durch Sophie Elkan lernte sie die Welt außerhalb des europäischen Nordens kennen, mit ihr reiste sie nach Italien, Frankreich, Belgien, Ägypten und in die Niederlande – wodurch die Romane *Die Wunder des Antichrist* und *Jerusalem* inspiriert wurden. Die andere war Valborg Olander, geboren 1861 in Värmland. Sie hatte in Stockholm dasselbe Seminar wie Selma Lagerlöf besucht, war Lehrerin, Autorin von Sprachbüchern, Aktivistin der Frauenbewegung und Politikerin. Vor allem aber war sie, beginnend mit der Arbeit an *Nils Holgersson*, die erste, strenge Leserin neu entstehender Werke, die engste Ratgeberin der Schriftstellerin und manchmal auch ihre literarische Agentin.

Ob es nun Freundschaft war oder Liebe, was Selma Lagerlöf mit diesen beiden Frauen verband – das ist eine moderne Frage, die mit den Verhältnissen um das Jahr 1900 wenig zu tun haben kann, weil sich hinter ihr die voyeuristische Neugier auf die Sexualität verbirgt. Die in den Jahren 1992 und 2006 veröffentlichten Briefwechsel verraten, dass es Eifersucht unter den beiden Freundinnen gegeben haben muss und zumindest die Beziehung zu Valborg Olander auch physisch gewesen sein dürfte. Aber was bedeutet es, wenn man so etwas weiß? Dass Selma Lagerlöf lesbisch war? Wohl kaum, zumal die Ka-

Selma Lagerlöf und Sophie Elkan in Reisekleidung, vermutlich auf der zweiten gemeinsamen Italienreise 1902/03.

Valborg Olander, 1928. Foto von Ferdinand Flodin.

Selma Lagerlöf und die Freundin Sophie Elkan auf ihrer gemeinsamen Norrlandreise, 1904.

Das neue Mårbacka, nach dem Umbau
durch den Architekten Isak Clason in den
Jahren 1921–1923. Foto um 1925.

tegorie erst im späten neunzehnten Jahrhundert entstand, im Versuch, pathologisch greifbar werden zu lassen, was zuvor kaum sichtbar gewesen war oder in ein Kontinuum sexueller Verhaltensweisen einging. Ergiebiger dagegen ist die Frage, was geschieht, nachdem Nils Holgersson – ein Junge am Beginn der Pubertät, ein noch kleiner Mann – nach Hause zurückgekehrt ist: »Doch dann kam Mutter und umarmte ihn und zog ihn ins Zimmer, und da merkte er, was geschehen war.« Eine bessere Welt ist eine weibliche Welt, und so ist es überall in den Werken Selma Lagerlöfs.

Zur Institution geworden

Spätestens mit dem Erscheinen von *Nils Holgerssons wunderbarer Reise durch Schweden* wurde Selma Lagerlöf zum Nationaldenkmal. »Ich habe das Gefühl, dass ich eine Institution werde«, schrieb sie im Juli 1907 an Valborg Olander, »etwas Wesenloses […], eine Art Warenzeichen, so viele Menschen versuchen, mich für ihre Geschäfte zu benutzen.« Tatsächlich war Selma Lagerlöf seit dieser Zeit öffentlich sehr präsent, in Schweden wie auch international. An ihrem fünfzigsten Geburtstag feierte die Nation, und sie selbst verteilte Schokoladentafeln mit dem Bild Nils Holgerssons. Als ihr ein Jahr später der Nobelpreis für Literatur verliehen wurde, sangen zwölfhundert Frauen im Stockholmer Hotell Royal (das später ins Hotell Grand einging) »Ack, Värmeland du sköna« (ein Lied, das Miles Davis später weltberühmt machte), und ihre Wahl in die Schwedische Akademie war eine Sensation für die halbe Welt. Selbstverständlich lag das zum Teil an den sich rasch verbreitenden Massenmedien, die bald nicht mehr nur aus Zeitungen und Zeitschriften bestanden. Die Schriftstellerin war oft im Rundfunk zu hören, nicht zuletzt als Vorleserin eigener Werke. Hinzu kamen öffentliche Lesungen oder Vorträge. Bei vielen standen ebenfalls die Werke im Mittelpunkt, andere aber hatten durchaus politischen Charakter, wie die bereits erwähnte Rede beim Internationalen Frauenkongress in Stockholm im Jahr 1911, in dem Lagerlöf ihre Geschlechtsgenossinnen aufforderte, den Staat von einer männlichen Veranstaltung zu einer weiblichen zu machen. Und schließlich waren da ihre Dramen und die vielen Verfilmungen ihrer Bücher: Wenn der Regisseur Mauritz Stiller und seine Hauptdarstellerin Greta Garbo nach der Verfilmung von *Gösta Berling* (1924) nach Hollywood gingen, dann geschah das auch, weil der internationale Erfolg des Films die Grundlagen für diesen Schritt geschaffen hatte.

Das Stimmrecht für Frauen war das einzige politische Vorhaben, bei dem Selma Lagerlöf entschieden auftrat. Die Schriftstellerin Elin

Selma Lagerlöf 1923. Dieses Bild ziert noch heute den schwedischen 20-Kronen-Schein. Foto: Atelje Jaeger, Stockholm.

Parti av Sunnesundet.

Foto: S. Sörensen, Sunne.

„Ack, Värmeland du sköna . . . "
(Parti av sjön Fryken och Sunne prästgård.)

Das Dampfschiff »Selma Lagerlöf« auf
dem Sunnesund. Foto um 1930.

Das Pfarrhaus der Kleinstadt Sunne in
Värmland, im Hintergrund der See Fryken.
Alte Ansichtskarte.

Selma Lagerlöf am Flügel in ihrem Haus
in Mårbacka. Postkarte aus den 1930er
Jahren.

Selma Lagerlöf in ihrem Haus, 1908.

Mårbacka. Selma Lagerlöf vid flygeln.

Wägner, ihre erste Biographin (1942/43), weist darauf hin, wie seltsam es nicht nur Selma Lagerlöf anmutete, dass eine weltbekannte Autorin, Grundbesitzerin und Unternehmerin kein Stimmrecht besaß. Eine tatsächliche politische – das heißt parteiliche – Festlegung war jedoch mit diesem Engagement nicht verbunden. Im Gemeinderat von Östra Ämtervik war Selma Lagerlöf als »Freisinnige« hervorgetreten und hatte sich damit zu einem Liberalismus im weiteren Sinne bekannt. Politik aber vollzog sich bei Selma Lagerlöf auf andere Art: vor allem dadurch, dass sie öffentlich lebte. Sie ließ ihre Werke mit ihrer Geschichte und ihren persönlichen Verhältnissen verschmelzen, indem sie ihre Wohnorte – zuerst Falun, dann weitaus deutlicher und in kontinuierlich zunehmendem Maße Mårbacka – zur Bühne einer persönlichen Lebensform werden ließ. Sie schuf etwas, das die britische Kulturhistorikern Sara Ahmed in ihrem Buch *The Cultural Politics of Emotion* (2004) eine »Kontaktzone« nannte, einen Bereich, in dem die Grenzen zwischen dem Privaten und dem Öffentlichen systematisch aufgehoben sind, im Sinne einer Politik des gelebten Beispiels, die Intimität nicht nur gestattet, sondern sogar fördert.

Als Selma Lagerlöf Mårbacka kaufte, ging es nach den Maßstäben des frühen zwanzigsten Jahrhunderts um einen schwedischen Hof von mittlerer Größe. Er umfasste sechzig Hektar bewirtschaftetes Land und gut zwanzig Hektar Wald. Später kam noch einmal ungefähr die Hälfte hinzu. Dort sollen jedoch mindestens fünfzig Menschen gearbeitet haben. Ernähren konnte der Hof die vielen Menschen also nie. Die Patronin subventionierte ihn, sie zahlte besser als alle Nachbarn, sie sorgte für die Krankenversicherung, sie richtete für ihre Arbeiter eine Bibliothek ein und schuf einen Fonds, den ihr Gesinde bei ihrem Tod erbte. Zu ihrem sechzigsten Geburtstag erhielt jeder Arbeiter ein Sparbuch, auf das sie fünfzig Kronen eingezahlt hatte. Im Jahr 1925, als der Preis für Hafer sehr gesunken war, begann sie sogar, die Produkte des Hofes als Markenartikel zu vertreiben: »Mårbacka Hafermehl« und, zehn Jahre später, »Mårbacka Haferkeks« wurden in »Nordiska Kompaniet« verkauft, in Stockholms führendem Warenhaus. Großen Erfolg hatte dieses Unternehmen jedoch nicht. Es musste sich allerdings auch nicht lohnen. Der Ertrag entstand auf andere Weise, durch die öffentliche Geltung eines Musterbetriebs.

Der offensive Rückzug nach Mårbacka spiegelt sich in der literarischen Produktion Selma Lagerlöfs, und zwar nicht nur in den drei mehr oder minder autobiographischen Werken – *Mårbacka*, *Memoiren eines Kindes* (1930) und *Tagebuch der Selma Ottilia Lovisa Lagerlöf* (1932) –,

Getreideernte in der Pfarrei Rättvik in Dalarna. Foto um 1900.

Ein abgehender Mehltransport von Mårbacka. V. l.: Inspektor Raoul Kajland, die Haushälterin Ellen Lundgren mit Hund Liss, Selma Lagerlöf, Erik Johansson, Tora Bergkvist, Ivar Olsson, Maja Rååd, Karl Henriksson und Hanna Lavner. Auf der Ladefläche Gunnar Lavner. Foto um 1925.

sondern auch in ihrem letzten großen belletristischen Vorhaben, der Romantrilogie *Die Löwensköds* (1925–1929). Erzählt wird darin die Geschichte eines Fluchs, der sich über etwa hundertfünfzig Jahre hinweg, vom frühen achtzehnten Jahrhundert bis in die Mitte des neunzehnten, an immer wieder neuen Generationen in einer fest umgrenzten Gegend erfüllt. Vor allem im dritten Buch der Reihe ist diese Gegend, bis hin zu den Figuren und den Ortsnamen, als die Heimat Gösta Berlings zu erkennen. Und zu Schauergeschichten hatte Selma Lagerlöf immer eine besondere Neigung, erkennbar zum Beispiel an *Herrn Arnes Schatz* (1904) oder am *Fuhrmann des Todes*. Das ist nicht verwunderlich, sind doch Gespenster, Wiedergänger und die meisten Verfluchten entschlossen heimatliebende Gestalten. Sie ziehen grundsätzlich nicht um. Außerdem teilte Selma Lagerlöf das um die vorvergangene Jahrhundertwende weit verbreitete und für keineswegs obskur gehaltene Interesse an Okkultismus, Theosophie und Anthroposophie.

Ein gewisser Konservatismus, eine ideologische Tendenz wider Industrialisierung und freie Marktwirtschaft ist in der Rückkehr auf das Land, ins heimatliche Mårbacka also nicht zu übersehen, zumal der einfache Bauer damals einer untergehenden Klasse anzugehören schien: Die großen künstlerischen Denkmäler, die ihm gesetzt wurden, trugen deutliche Züge des Abschieds. Das gilt für die französische Malerei jener Zeit, aber auch etwa für die schwedischen Maler Carl Larsson und Anders Zorn, die um die Jahrhundertwende in Dalarna wohnten, der Nachbarprovinz zu Värmland und fiktiven Heimat der schwedischen Nationalromantik. Leo Tolstois damals international vielbeachteter Rückzug aus dem mondänen Leben gehört in denselben Zusammenhang, auch wenn sein Mustergut Jasnaja Poljana alles andere als ein einfaches bäuerliches Unternehmen war. Zur Idolatrie des Landlebens als einer vergangenen Lebensform zählen die zu jener Zeit entstehenden volkskundlichen Museumsdörfer ebenso wie die »Sommerfrische«, ferner eine Literatur, die dem Land und seinen Landschaften huldigt – man denke zum Vergleich nur an den gewaltigen Erfolg Ludwig Ganghofers im deutschen Sprachraum – sowie an den Siegeszug der ländlichen Idylle in Gestalt von künstlerischen Reproduktionen. Der Proletarier und der Geschäftsmann schienen die Helden der Zukunft zu sein, auch auf dem Lande, und ihnen gegenüber bäumte sich noch einmal eine existentielle Romantik des Landlebens auf, die selbst schon ein Produkt der industrialisierten Gesellschaft war. Mitten in diesem Widerspruch aber saß Selma Lagerlöf und empfing ihre zahllosen Gäste.

Der Schriftsteller Gerhart Hauptmann, aufgenommen wohl anlässlich der Aufführung seiner Bühnenbearbeitung von *Hamlet* im Staatsschauspiel Dresden am 8. August 1927. Hauptmann hatte 1917 Lagerlöfs Erzählung *Herrn Arnes Schatz* umgeschrieben und als Versdrama *Winterballade* auf die Bühne gebracht. Foto von Ursula Richter.

Filmstill aus *Herrn Arnes Schatz* (1919) in der Regie von Mauritz Stiller.

Filmstill aus *Der Fuhrmann des Todes* (1921) in der Regie von Victor Sjöström.

Nelly Sachs 1938. Passbildfoto aus dem
Berliner Kaufhaus des Westens.

Postkarte Selma Lagerlöfs an »Fräulein
Nelly Sachs, Schriftstellerin« vom 5. Dezember 1921: »Herzlichen Dank für das schöne
Buch! Hätte es selbst nicht besser tun
können. Ihre ergebene Selma Lagerlöf.«

Es müssen in der Tat sehr viele gewesen sein. Zu jedem halbwegs runden Geburtstag erschienen Dutzende von Journalisten, um die obligatorischen »home stories« zu schreiben – etwa fünfzig allein bei Selma Lagerlöfs fünfzigstem Geburtstag. Die vielen erhaltenen Fotografien, die sie in ihren Wohnzimmern, am Schreibtisch, in ihrer Bibliothek, auf ihrer Veranda und beim Spaziergang in ihrem Garten zeigen, sind Dokumente dieses journalistischen Genres, dem Selma Lagerlöf in besonderer Weise entgegenkam. Im Sommer reisten darüber hinaus, vielleicht sogar angeregt von diesen Reportagen, Schwärme von Touristen nach Mårbacka, mit der Bahn, mit dem Auto, mit dem Fahrrad. Und nicht zuletzt gab es eine gewaltige Korrespondenz: Mehr als 42 000 Briefe von und an Selma Lagerlöf werden in der Königlichen Bibliothek in Stockholm verwahrt. Sie erzählen die Geschichte einer systematischen Bewirtschaftung jener »Kontaktzone« und bilden deswegen neben den literarischen Werken ein eigenes Œuvre.

Zahlreich sind die Themen in Selma Lagerlöfs Korrespondenz mit ihren Lesern. Manche enthalten nur Glückwünsche und Danksagungen, in anderen handelt es sich um Rat und Wegweisung. In etwa einem Drittel der Schreiben geht es um Geld, und zwar oft auf der Grundlage von Ereignissen, in denen die Autoren dieser Briefe ein Element aus den Werken Selma Lagerlöfs gespiegelt sehen – Arbeitslosigkeit, ungewollte Schwangerschaft, Missernte, der drohende Verlust eines Hauses. Als die Zeitschrift *Husmodern* (*Die Hausmutter*) im Jahr 1935 einen Artikel veröffentlichte, in dem Beispiele dafür genannt wurden, dass die Schriftstellerin manchmal sogar Geld schicke, kamen besonders viele Bittbriefe. Oft scheint Selma Lagerlöf sie beantwortet zu haben; manchmal sind die Schreiben mit Kommentaren versehen, von ihrer Hand oder von der Valborg Olanders. »Nicht antworten« steht dann etwa auf einem Brief, »10 Kronen« auf einem anderen, »Ist der Mann verrückt?« auf einem dritten. Ein Waisenjunge mit Namen Nils Holgersson gerät durch einen solchen Brief nach Mårbacka. Selma Lagerlöf nimmt sich seiner an, bis er erwachsen ist. Dann wandert er nach Amerika aus. Mit Nelly Sachs entstand, nachdem diese als Fünfzehnjährige *Gösta Berling* gelesen hatte, ein Briefwechsel, in dessen Folge ihr Selma Lagerlöf kurz nach Beginn des Zweiten Weltkriegs half, nach Schweden auszureisen. Die Schriftstellerin hatte ihr Zuhause in einen politischen Ort verwandelt.

Man wird nicht sagen können, dass dieser Ort strategisch gewählt war. Aber er ließ sich strategisch nutzen, im Rahmen der besonderen

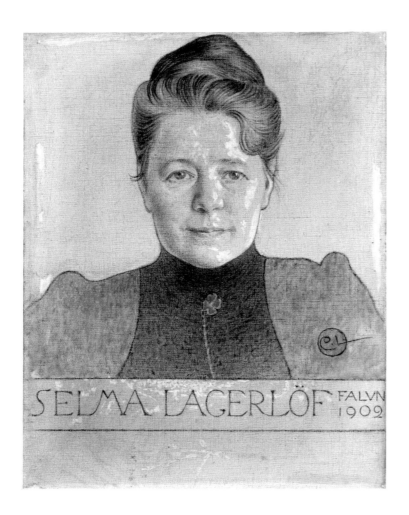

Die Schriftstellerin Selma Lagerlöf.
Zeichnung von Carl Larsson aus dem Jahr
1902.

Lit de parade. Selma Lagerlöf aufgebahrt.
Aufnahme vom März 1940.

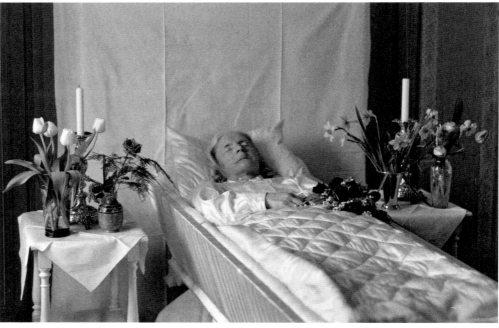

politischen und kulturellen Umstände, die Ende des neunzehnten und zu Beginn des zwanzigsten Jahrhunderts in Schweden galten: im Hinblick auf die Bildung und Vollendung einer Nation, im Hinblick auf die Nationalromantik in den Künsten, im Hinblick auf die Durchsetzung des Stimmrechts für Frauen, im Hinblick auf die Etablierung eines Standards für die schwedische Schriftsprache (vor allem *Nils Holgersson* hatte daran einen wesentlichen Anteil), im Hinblick aber auch etwa auf das Verhältnis zwischen Literatur (damals eine hohe Kunst) und Film (damals eine niedere Kunst). Wenn Selma Lagerlöf über viele Jahrzehnte hinweg eine der zentralen Figuren der schwedischen Öffentlichkeit war, dann liegt das nicht zuletzt daran, dass sich während dieser Zeit die Lebensvoraussetzungen in dieser Gesellschaft radikal änderten. Die alten Wahrheiten galten nicht mehr, die neuen waren noch nicht gefunden, und in der entsprechenden Unsicherheit sucht man sich einen Menschen, der – vom Individuellen und Konkreten, nicht vom Allgemeinen und Politischen ausgehend – zumindest aussprechen kann, was alle bewegt.

Schweden war im achtzehnten Jahrhundert als baltische Großmacht gestürzt und nicht wieder auferstanden. Der verlorene Krieg gegen Russland in den Jahren 1808 und 1809 war nur noch spätes und vergebliches Aufbäumen einer imperialen Nation. Dass Norwegen im Jahr 1905 die Union kündigte, hatte lediglich kurz den Gedanken aufkommen lassen, man müsse jetzt Krieg führen. Man ließ ihn schnell wieder fallen. Vielleicht war es dann so, dass ein Vaterland zu einem Mutterland wurde, vielleicht steckt im Prinzip des nordischen Sozialstaats, dessen Grundlagen zu Lebzeiten von Selma Lagerlöf geschaffen wurden, tatsächlich eine Idee von »Gesellschaftsmütterlichkeit«. Und vielleicht war die Politik des gelebten Beispiels, in Abgrenzung etwa von den pädagogischen und ökonomischen Konzepten Alva Myrdals, tatsächlich ein hervorragendes Mittel zur Umgestaltung einer Gesellschaft, die Per Albin Hansson, der erste sozialdemokratische Ministerpräsident des Landes, im Jahr 1928 »Volksheim« taufte. Ein solches aber hatte Selma Lagerlöf, die Mutter der Nation, längst eingerichtet. Am 16. März 1940 starb sie in Mårbacka, am selben Ort, an dem sie geboren worden war.

Zeittafel zu Selma Lagerlöfs Leben und Werk

1858 Selma Ottilia Lovisa Lagerlöf wird am 20. November als fünftes von sechs Kindern des Leutnants und Gutsherren Erik Gustaf Lagerlöf und seiner Frau Elisabeth Louisa (Lovisa) Wallroth auf Gut Mårbacka in Östra Ämtervik geboren.

1881 Selma Lagerlöf verlässt Mårbacka und zieht nach Stockholm. Dort besucht sie Sjöbergs Lyceum, um einen formellen Schulabschluss zu erhalten.

1882 Im Herbst beginnt Selma Lagerlöf ihr Studium am Königlichen Höheren Lehrerinnen-Seminar in Stockholm.

1885 Im Frühjahr beendet Selma Lagerlöf ihr Studium. Danach erhält sie eine Anstellung an der Höheren Mädchenschule in Landskrona in Südschweden. Der Vater stirbt an den Folgen seines Alkoholismus.

1890 Selma Lagerlöf nimmt an einem Literaturwettbewerb der Zeitschrift *Idun* teil. Mit fünf Kapiteln aus dem noch halbfertigen Roman *Gösta Berlings saga* gewinnt sie den Wettbewerb und ein Preisgeld von fünfhundert Kronen.

1891 *Gösta Berlings saga*, der erste Roman, erscheint und wird von der schwedischen Kritik eher zurückhaltend aufgenommen. Viele Kritiker monieren den »phantastischen« Charakter des Buches.

1893 Der dänische Kritiker Georg Brandes, einer der berühmtesten Publizisten Europas, veröffentlicht im Januar eine entschieden positive Rezension zu *Gösta Berlings saga*. Sie ist nicht nur für das Schicksal des Buches entscheidend, sondern macht Selma Lagerlöf zur Schriftstellerin. Sie lernt die Autorin Sophie Elkan kennen, mit der sie bis zu deren Tod im Frühjahr 1921 eng befreundet bleibt.

1894 Unter dem Titel *Unsichtbare Bande* (*Onsynliga länkar*) erscheint Selma Lagerlöfs erster Band mit Erzählungen.

1895   Selma Lagerlöf verlässt im Frühjahr den Schuldienst. Beginn der Italienreise mit der Freundin Sophie Elkan. Ein Aufenthalt in Sizilien liefert den Stoff für den Roman *Die Wunder des Antichrist* (*Antikrists mirakler*, 1897).

1897   Selma Lagerlöf zieht zu ihrer jüngeren Schwester Gerda nach Dalarna. Die Region ist das Zentrum der schwedischen Nationalromantik. Der Maler Carl Larsson wohnt nur wenige Kilometer entfernt. Selma Lagerlöf befreundet sich bald mit ihm.

1899   Beginn der Reise nach Ägypten und Palästina.

1901   Eine kleine Sekte aus dem Ort Nås in Dalarna, die im Jahr 1896 nach Jerusalem auswanderte, um dort die Wiederkehr Jesu Christi zu erwarten, ist Gegenstand des Romans *Jerusalem*. Der erste Band erscheint im Sommer und wird zu Selma Lagerlöfs bis dahin größtem Erfolg. Der zweite Band wird im Jahr darauf publiziert. Selma Lagerlöf lernt Valborg Olander kennen, die zweite Freundin für das Leben (sie stirbt 1943).

1905   Nach einer Volksabstimmung in Norwegen wird die seit 1814 bestehende Union mit Schweden aufgelöst.

1906   Der erste Teil des romanhaften Schulbuchs *Nils Holgerssons wunderbare Reise durch Schweden* (*Nils Holgerssons underbara resa genom Sverige*) erscheint. Das Werk, an dem Selma Lagerlöf fünf Jahre gearbeitet hat, ist eine Auftragsarbeit des schwedischen Lehrerverbands und des Unterrichtsministeriums. *Nils Holgersson* wird in mehr als dreißig Sprachen übersetzt.

1907   Im Mai erhält Selma Lagerlöf den Ehrendoktor der Universität Uppsala. Sie kauft das Gutshaus Mårbacka zurück.

1909   Im Dezember erhält Selma Lagerlöf als erste Frau (und erste Schwedin) den Nobelpreis für Literatur, »auf Grund des edlen Idealismus, des Phantasierreichtums und der seelenvollen Darstellung«, die ihr Werk auszeichnen.

1910/11   Vom Nobelpreis kauft Selma Lagerlöf das ehemals zu Mårbacka gehörende Land zurück. Sie behält aber auch ihr Haus in Falun. Der Roman *Liljecronas Heimat* (*Liljecronas hem*) wird veröffentlicht, eine Art Fortsetzung von *Gösta Berlings saga*.

1911 Beim Internationalen Frauenkongress in Stockholm hält Selma Lagerlöf die Rede »Heim und Staat« (»Hem och stat«), in der sie die Frauen auffordert, den Staat zu verweiblichen.

1914 Der Erste Weltkrieg beginnt. Selma Lagerlöf sympathisiert, wie die meisten Schweden, mit der deutschen Seite. Sie wird zum ersten weiblichen Mitglied der Schwedischen Akademie ernannt. Der Roman *Der Kaiser von Portugallien* (*Kejsarn av Portugallien*) erscheint.

1918 Im Herbst wird der Roman *Das heilige Leben* (*Bannlyst*) veröffentlicht, in dem Selma Lagerlöf ein pazifistisches Manifest mit einer Liebesgeschichte zu verbinden versucht hat.

1919 Selma Lagerlöf wird in den Gemeinderat von Östra Ämtervik gewählt. Ihre Schauergeschichte von 1904, *Herrn Arnes Schatz* (*Herr Arnes penningar*) wird verfilmt.

1921 Mårbacka wird bis 1923 zu einem repräsentativen Herrenhaus im nationalromantischen Stil umgebaut. Selma Lagerlöf zieht ganz nach Mårbacka. Ihr Roman *Der Fuhrmann des Todes* (*Körkarlen*) von 1912 wird verfilmt.

1922 Mit *Mårbacka* erscheint das erste von drei Büchern mit persönlichen Erinnerungen. Die weiteren Bände sind *Memoiren eines Kindes* (*Ett barns memoarer*, 1930) und *Tagebuch der Selma Ottilia Lovisa Lagerlöf* (*Dagbok för Selma Ottilia Lovisa Lagerlöf*, 1932).

1924 *Gösta Berlings saga* wird von Mauritz Stiller verfilmt, mit Greta Garbo in der Hauptrolle.

1925 Der erste Band des letzten Romanprojekts *Die Löwenskölds* erscheint. Bis 1928 werden zwei weitere Bände veröffentlicht, der geplante vierte Band wird nicht abgeschlossen. Auf Mårbacka beginnt die Produktion von »Mårbacka Hafermehl«.

1933 Selma Lagerlöf beteiligt sich am Komitee zur Rettung jüdischer Flüchtlinge aus Deutschland. 1940 hilft sie der späteren Nobelpreisträgerin Nelly Sachs, von Berlin nach Schweden zu gelangen.

1940 Am 16. März 1940 stirbt Selma Lagerlöf auf Gut Mårbacka an einem Schlaganfall.

Auswahlbibliographie

Schwedische Lagerlöf-Ausgaben

Leider gibt es keine historisch-kritische schwedische Ausgabe der Werke Selma Lagerlöfs. Sie ist zwar projektiert, aber es sind weder Editionsplan noch Verlag bekannt. Maßgeblich ist daher bis auf weiteres die einigermaßen selektive, wenngleich unter Aufsicht der Autorin veranstaltete Ausgabe der Schriften (»Skrifter«) aus dem Jahr 1933, auch wenn diese an unendlich vielen Stellen von den Originalausgaben abweicht und die Änderungen nicht ausgewiesen sind. In den Jahren 1943–1945 wurden dazu in Schweden zwei Bände mit nachgelassenen Schriften veröffentlicht. Die Quellenlage erweist sich bei Selma Lagerlöf als außerordentlich schwierig, weil nahezu jedes Buch in Überarbeitungen existiert, sei es von Hand der Schriftstellerin selber, sei es von Hand von Bearbeiterinnen, die meist mit Billigung der Autorin operierten. Die im Internet unter »runeberg.org« einsehbare Ausgabe der Schriften Selma Lagerlöfs hat den entscheidenden Makel, dass nicht ausgewiesen ist, auf welcher gedruckten Ausgabe die jeweilige digitale Fassung beruht.

Deutsche Lagerlöf-Ausgaben

Geschichten von Trollen und Menschen. Aus dem Schwedischen von Marie Franzos u. a. Deutscher Taschenbuch Verlag, München 2007.

Der Fuhrmann des Todes. Die Erzählung – Das Drama – Die Legende. Übersetzt von Gerald Friese. Urachhaus, Stuttgart 2011.

Nils Holgerssons wunderbare Reise durch Schweden. Vollständig aus dem Schwedischen übersetzt von Thomas Steinfeld. Die Andere Bibliothek, Berlin 2014.

Die Löwenskölds: Der Ring des Generals, Charlotten Löwensköld, Anna, das Mädchen aus Dalarne. Aus dem Schwedischen von Marie Franzos und Pauline Klaiber-Gottschau. Urachhaus, Stuttgart 2015.

Die Saga von Gösta Berling. Aus dem Schwedischen übersetzt von Paul Berf. Die Andere Bibliothek, Berlin 2015.

Biographien, Studien, Materialien

Sara Ahmed: *The Cultural Politics of Emotion*. Routledge, New York 2004.

Gabriel Bladh: *Selma Lagerlöf's Värmland. A Swedish ›landskap‹ in Thought and Practice*. In: Michael Jones und Kenneth R. Olwig (Hg.): *Nordic Landscapes: Region and Belonging on the Northern Edge of Europe*. University of Minnesota Press, Minneapolis/London 2008, S. 220–250.

Git Claesson Pipping und Tom Olsson: *Dyrkan och spektakel. Selma Lagerlöfs framträdanden i offentligheten i Sverige 1909 och Finland 1912*. Carlsson Bokförlag, Stockholm 2010.

Vivi Edström: *Selma Lagerlöfs litterära profil*. Rabén & Sjögren, Stockholm 1986.

Vivi Edström: *Selma Lagerlöf*. Natur och kultur, Stockholm 1991.

Vivi Edström: *Selma Lagerlöf. Livets vågspel*. Natur och kultur, Stockholm 2002.

Bengt Ek: *Selma Lagerlöf efter Gösta Berlings saga: en studie över genombrottsåren 1891–1897*. Albert Bonniers Förlag, Stockholm 1951.

Per Olov Enquist: *Bildmakarna*. Norstedt, Stockholm 1998.

Helena Forsås-Scott, Lisbeth Stenberg und Bjarne Thorup Thomsen: *Re-Mapping Lagerlöf. Performance, Intermediality, and European Transmissions*. Nordic Academic Press, Lund 2014.

Maria Karlsson: *Känslans röst. Det melodramatiska i Selma Lagerlöfs romankonst*. Brutus Östlings bokf Symposion, Stockholm 2002.

Maria Karlsson und Louise Vinge (Hg.): *Spår och speglingar. Lagerlöfstudier 2011*. Gidlunds bokförlag, Möklinta 2011.

Erland Lagerroth: *Landskap och natur i Gösta Berlings saga och Nils Holgersson*. Albert Bonniers Förlag, Stockholm 1958.

Ann-Sofi Ljung Svensson: *Jordens dotter: Selma Lagerlöf och den tyska hembygdslitteraturen*. Makadam förlag, Göteborg 2011.

Burkhard Müller: *Am Meer, im Gebirg. Landschaften der Seele*. In: *Kursbuch 158 (Das Bleibende)*. Berlin 2004.

Anna Nordlund: *Selma Lagerlöfs underbara resa genom den svenska litteraturhistorien 1891–1996*. Brutus Östlings bokf Symposion, Stockholm 2005.

Anna Nordlund (Hg.): *Selma Lagerlöf. 1858–2008*. Kungliga biblioteket, Stockholm 2008.

Rejjo Rüster und Lars Westman: *Inomskärs*. Rabén & Sjögren, Stockholm 1989.

Ying Tojier-Nilsson: *Selma O L Lagerlöf*. In: *Svenskt Biografiskt Lexikon*. Band 22. Albert Bonniers Förlag, Stockholm 1977–1979.

Ying Toijer-Nilsson (Hg.): *Du lär mig att bli fri. Selma Lagerlöf skriver till Sophie Elkan*. Albert Bonniers Förlag, Stockholm 1996.

Ying Toijer-Nilsson (Hg.): *En riktig författarhustru. Selma Lagerlöf skriver till Valborg Olander*. Albert Bonniers Förlag, Stockholm 2006.

Ulla Torpe: *Orden och jorden. En studie i Selma Lagerlöfs roman Liljecronas hem*. Gidlunds bokförlag, Möklinta 1992.

Christoph Türcke: *Heimat. Eine Rehabilitierung*. zu Klampen! Verlag, Springe 2006.

Louise Vinge: *I Selmas sällskap*. Gidlunds bokförlag, Möklinta 2013.

Elin Wägner: *Selma Lagerlöf*. Albert Bonniers Förlag, Stockholm 1942/43.

Holger Wolandt: *Selma Lagerlöf. Värmland und die Welt*. Urachhaus, Stuttgart 2015.

Bildnachweis

S. 8, 58 Bayerische Staatsbibliothek München / Bildarchiv
S. 10, 13 (u.), 14 (o.), 16, 20, 26, 30 (u.), 32 (o. r.), 34, 48, 50, 52 (o.), 56, 60, 64 (u.) Mårbackastiftelsens arkiv
S. 12, 32 (o.), 68 (l.) Privatbesitz
S. 13 (o.), 14 (u.), 38 (o. r.), 54 (u.) Library of Congress Prints and Photographs Division
S. 24 Bundesarchiv Bild 183-1983-0309-508
S. 28 (u.) Norsk Folkemuseum NFB 19770
S. 29 (o. l.) Stiftelsen Nordiska museet NMA.0041102
S. 29 (o. r.) ullstein bild – Becker & Maass
S. 29 (u.) Landskrona Museum
S. 30 (o.), 32 (u. l.), 34, 40 (l.), 70 (u.) Kungliga biblioteket Stockholm
S. 36 Kjell Sundström
S. 38 (o. l.) aus: *Nord und Süd. Eine deutsche Monatsschrift*. Band 38, Heft 113, 1886
S. 38 (u.) aus: Stina Otterberg: *Älska, dricka, sjunga, leva, dö. En essä om Erik Axel Karlfeldt*. Wahlström & Widstrand, Stockholm 2014, S. 216
S. 46 (o.) ullstein bild
S. 52 (u.) Bundesarchiv Bild 102-16428
S. 54 (o. l.) ullstein bild – TopFoto
S. 63 (u.) Bundesarchiv Bild 183-1983-0309-507
S. 64 (o.) Stiftelsen Nordiska museet NMA.0042696
S. 66 (o. l.), 66 (u.) Svenska Filminstitutet
S. 66 (o. r.) SLUB Dresden / Deutsche Fotothek / Ursula Richter
S. 68 (r.) Deutsches Literaturarchiv Marbach
S. 70 (o.) Nationalmuseum Stockholm

Impressum

Gestaltungskonzept: *Groothuis, Lohfert, Consorten, Hamburg | glcons.de*

Layout und Satz: *Angelika Bardou*, Deutscher Kunstverlag

Reproduktionen: *Birgit Gric*, Deutscher Kunstverlag

Lektorat: *Michael Rölcke*, Berlin

Gesetzt aus der *Minion Pro*

Gedruckt auf *Lessebo Design*

Druck und Bindung: *Grafisches Centrum Cuno, Calbe*

Umschlagabbildung: Selma Lagerlöf an ihrem Schreibtisch.
Foto: Anders Karnell, Göteborg © Mårbackastiftelsens arkiv

Bibliografische Information der Deutschen Nationalbibliothek
Die Deutsche Nationalbibliothek verzeichnet diese Publikation
in der Deutschen Nationalbibliografie; detaillierte bibliografische
Daten sind im Internet über http://dnb.dnb.de abrufbar.

© 2015 Deutscher Kunstverlag GmbH Berlin München

Deutscher Kunstverlag Berlin München
Paul-Lincke-Ufer 34
D-10999 Berlin
www.deutscherkunstverlag.de

ISBN 978-3-422-07320-3